ちくま新書

国語教育の危機

——大学入学共通テストと新学習指導要領

1354

紅野謙介
Kono Kensuke

国語教育の危機

——大学入学共通テストと新学習指導要領

【目次】

はじめに

†センター試験の廃止！

大学入試の制度が大きく変わることはよく知られています。これまで、多くの国公立私立大学で導入されていた独立行政法人大学入試センターによる、いわゆる「センター試験」は二〇二〇年一月の実施が最後となり、以後、廃止と決まりました。翌年の二〇二一年には選抜制度を大幅に変更し、新しい試験形式になるのです。名づけて「大学入学共通テスト」と言われることになりました。

名称だけ変わるのであれば対応も可能です。しかし、今回はそうした看板の付け替えではありません。その意味づけ、テストをふくめた大学入学選抜をめぐる制度設計の変更であり、考え方を変えるということでもあります。そしてテストに限定しても、試験科目の「国語」や「数学」ではこれまでのマークシート方式の試験だけでなく、記述式の試験が加わります。「英語」では、読む・書く・聞く・話すといった四つの技能についてのテストが導入されます。「歴史」「地理」や「政経」などの「社会（地理歴史・公民）」や「理科」も変わることになりました。

なかでも大きく変わるのが「国語」の試験です。記述式となれば、「国語」の能力がとりわけ求められるからですし、すべての教科の基本に日本語の文章の読み書き能力が関わっているということで、特別な位置を与えられたとも言えます。

しかも、大学入試の変更は、高校と大学の教育をつなぐ高大接続改革の政策上の一環として行われます。文部科学省は小学校から高等学校にいたる「学習指導要領」の改訂案をまとめ、二〇一七年三月に幼稚園から中学校までの新「学習指導要領」を公表しました。幼稚園では二〇一八年度からこれに則った教育が実施されており、順次、移行期間をへた上で小学校は二〇二〇年度から、中学校は二〇二一年度から全面実施となります。高等学校の「指導要領」はこの二〇一八年二月に公表されたばかりで、一か月のパブリックコメントの募集期間をへて、三月に告示されました。期間の短さから言って、一般からの意見聴取は形式だけで、ほとんど同じ内容のもので通すことになりました。二〇一八年度中はその「周知・徹底」につとめ、二〇一九年度からは移行期間が始まり、二〇二二年度からこの新「指導要領」による教育の年次進行による実施を課すことになっています。

幼稚園を別にすれば、義務教育のスタートである小学校の場合は二〇二〇年度からであり、この年号にとりわけ文科省はこだわっています。二〇二〇年度は、もちろん東京で夏季オリンピック国際大会が開催される年にあたります。五六年ぶりに東京で開かれるオリンピック大会の招致が、敗戦から一九年後に開かれた東京オリンピック（一九六四年）と同じく、国策として進められたことは言うまでもありません。これをきっかけに大きく国家の基盤を切り替える、そんな節目としたいという目的があるからです。「学習指導要領」の改訂はそれまでにも何度か行われてきましたが、「指導要領」始まって以来の歴史的な大改訂となるのが今回なのです。

さらに、この「指導要領」改訂をふくめた高大接続改革は、いわゆる「ゆとり教育」の反動期をへて、そこで足りないと指摘された基礎学力もつけた上での新たな学力の育成が目的です（詳細は第2章で）。この改革の成就に向けて、高等学校において基礎学力の到達度をはかる外部試験の制度を全国一斉に導入するとともに、よりその効果をあげるために、大学入学者選抜制度を変更するというのが、政府――文科省の狙いです。高校の出口のところで、大学への入学者選抜制度を変えてしまえば、必然的に高校の教育内容も変えざるを得なくなります。これまでの推薦入試、ＡＯ入試なども名称変更や実施基準を改め、さらに本家本元である、一九九〇年以来の「大学入学者選抜大学入試センター試験」を変更するということになったのです。

†動き出した工程表

一般的な進行のスケジュールでいけば、新「学習指導要領」による教育が高等学校に導入されるのは二〇二二年度からですので、学年進行に合わせれば三年後の二〇二五年度の大学入学者選抜制度から変わることになるのですが、文科省は性急な改変を求めました。いわゆる「センター入試」は二〇二〇年一月の入試が最後で、以後、廃止と決められました。二〇二一年一月に向けて選抜制度は大幅に変更されます。したがって、移行期間とはいえ、二〇二一年度(二〇二一年四月)に大学入学を希望する年代の高校生は、「大学入学共通テスト」と、新たな「学習指導要領」を睨みながら、学ばなければならないし、教える側もまたそれを前提にしながら教えなければならないということになったのです。

この新テストについては、二〇一六年に大学一年生約千人を対象とした「国語」「数学」の二教科のみのモニター調査が行われた後、一七年五月・七月に記述式とマークシート式それぞれのサンプル問題が公開されました。また、一一月には全国の高校生を対象に、「国語」および「数学I・数学A」について五、六万人規模のプレテストが実施されました。以後、二〇一八年度、そして必要な場合は二〇一九年度にもプレテストが実施される予定です。こうしてサンプル問題を提示することによって、傾向と対策を練り、新「学習

今後の検討・準備スケジュール　＊大学入試センター公表の資料より。

◎「大学入学共通テスト」の導入

2016年度	2017年度	2018年度	2019年度	2020年度	2021年度
【セ】モニター調査の実施	【セ】試行調査（プレテスト）の実施（11月） 【文】「実施方針」の策定・公表（7月）	【セ】試行調査（プレテスト）の実施（11月）	【セ】必要に応じ実施運営の確認のため試行調査（プレテスト）の実施（年度目途） 【セ】「出題教科・科目」の策定・公表（同左） 【文】「実施大綱」の策定・公表（年度初頭目途）	【セ】「大学入学共通テスト」の実施 【セ】「実施要項」の策定・公表（年度初頭目途）	【文】新学習指導要領に対応した「実施大綱」の予告

◎試行調査（プレテスト）等

	2016年度	2017年度	2018年度	2019年度
	モニター調査	試行調査（プレテスト）	試行調査（プレテスト）	確認のための試行調査（プレテスト）
受験者数	約1千人	5万人規模（国語及び数学Ⅰ・数学A）	10万人規模（国語及び数学Ⅰ・数学A）	実施の有無も含めて詳細について今後検討予定
対象者	大学1年生	高校2年生以上（国語及び数学Ⅰ・数学A）／原則高校3年生（その他の教科）	高校2年生以上（国語及び数学Ⅰ・数学A）／原則高校3年生（その他の教科）	
対象教科等	国語、数学	国語、数学、地歴、公民、理科、英語、特別の配慮等 ＊英語は2018年2月実施	国語、数学、地歴、公民、理科、英語、特別の配慮等	

指導要領」の中核部分を先取りするように促しているのです。少なくとも今年、二〇一八年四月に入学した高校生が三年を迎えるときには、「大学入学共通テスト」が待ち構えていることになります。

あまりにも急激な改変です。しかし、すでに工程表は動き出してしまいました。そして実際には、早くもいまの「センター試験」でも、「国語」の試験問題は次の「大学入学共通テスト」やその背景にある新「指導要領」を先取りした内容になりつつあります。もちろん、こうしたことが全面的にいいとは思いません。首を傾げたくもなります。しかし、現実にそのような「先取り」が動いている。この事態を把握し、問題点を洗い出していく必要があります。

†新テストの変更点

では「大学入学共通テスト」はどのようなものになるのか。試験問題については複数のサンプルが公表されました。これをもとに、傾向と問題点を考え、高等学校の教科内容はどのように変わるのか、予測しなければなりません。「国語」「数学」「英語」「社会」「理科」と、主要五教科の試験はいずれも変わりますが、とりわけ「国語」「数学」「英語」の三教科は大きく変化することになりました。「数学」や「英語」についてもさまざまな議論があるようですが、なかでも「国語」は「学習指導要領」改訂にともなう位置づけの変化も相俟《あいま》って、大きく変わることになりました。時代に応じて変化することは当然のことです。しかし、適切なのかどうなのか。

私自身、長年、「国語」の教育に関わり、その延長線上で日本の近現代文学研究にたずさわり、大学の入学選抜制度にも関わってきたものとして、今回の制度変更には疑問と懸念を抱いています。マークシート式の試験問題が正しいとはもちろん思っていません。その形式で計ることのできる能力は限られたものですし、弊害もたくさんあると思います。しかし、今回、新たに追加された記述式の試験は中学や高校の定期試験や応用問題の試験で行う記述式試験と同じではありません。二百人や三百人を対象にして数人の教員が採点をする試験と、五十万人規模を対象にした試験とでは問いの立て方や採点の仕方がまったく違ってしまいます。その物理的な条件の差は問題の内容を一変してしまう。そのことが十分に考慮に入れられていません。

また、マークシート式の問題に取り入れられた新しい能力判定の出題方法も、熟慮されたものとは思えません。むりやり作成された出題が多く、試験問題として、これまでの大学入試センター試験と比較しても大きく見劣りしています。どのような点に問題があるのか、何が見落とされているか、本書ではそれらを明らかにするつもりです。

このままでは、この改革が獲得目標としたはずの「国語」を介した思考力・表現力・判断力をつけることにならないのではないか。むしろ、大きく阻害する要因となるのではないか。広い目で見れば「国語教育の危機」ともいうべき事態を前に、見解をまとめ、もう一度、議論を深めていくようにしたいと思います。

この改革に実質的に関わった方たち、そして小学校や中学・高校から大学・大学院にいたるまでのさまざまな段階で「国語」の教育に関わっている教員のみなさん、教員を目指しているみなさん、大学進学を考えている受験生のみなさんとともに、「大学入学共通テスト」の分析を通して、あるべき「国語」教育のかたちを探ってみたいと思います。

†本書の概要

ここで本書の内容をざっと紹介しておきましょう。

まず第1章では、二〇一七年五月に発表された「大学入学共通テスト（仮称）」の「国語」の記述式モデル問題例について分析を行いました。この問題は、発表当時、新聞などでも話題になったので記憶されている方も多いと思います。その内容を紹介するとともに、問題文や設問のあり方について論評しています。

第2章では、こうした問題を作るにいたった背景として、「学習指導要領」の改訂について説明します。「国語」に焦点を絞って説明しますが、ここはどうしても説明が多くなりますから、まだるっこしいと感じる方は飛ばしてもかまいません。

第3章では、二〇一七年七月に発表されたマークシート式のモデル問題について論じました。マークシート式の形式はこれまでの「センター入試」の問題と同じはずなのですが、今回、明らかに大きな変更が施されています。二〇一八年の一月に実施された「センター入試」の「国語」の試験問題はすでに今回の変更案に一部、従っているところがありましたから、二〇一九年以降の「センター入試」の対策としてもどのような変更がなされているかを押さえておく必要があります。

第4章と第5章では、二〇一七年一一月に一部の高校生を対象に実施されたプレテストを分析しています。プレテストでは記述式とマークシート式の双方が組み合わさっています。いまのところ「大学入学共通テスト」のひな形になるはずの試験問題ということになります。一応、「試行調査（プレテスト）」と呼ばれていて、採点結果をもとに細かい分析や統計調査の報告書もまとめられましたが、実際の試験問題自体の質的分析は不十分なままです。この二つの章でその実態と問題点を明らかにします。

第6章では、プレテストの評価をまとめる一方、こうした改革の背景にある考えを探っていきます。改革の背景には、多くの教育関係者に共通の問題認識があります。しかし、その解決方法がうまく機能していません。慌ただしく、強引に進む「大学入学共通テスト」改革と連動する「学習指導要領」改訂に関して、「国語」という教科は何を教えるものなのかについて、最終的な私見を述べています。

「大学入学共通テスト」は私たちの社会を変える契機にしようとして計画されました。しかし、理想がときにお題目になって、現実にはまるで違う結果をもたらすことがしばしばあります。改革を目指した人たちは、グローバル社会に向けて「英語」も重要だと主張する一方、「国語」こそあらゆる教科に関わる「学び」の根源に位置していると考えています。確かにそれはそのとおりです。第一言語である日本語の言葉を学び、言葉を使うことを通して、私たちは自分の心や思考を確認し、人と対話し、「話す——聞く」ことや「読む——書く」ことをくりかえしてきました。あらゆる理解や思索、表現の基本は、言葉の学習から始まります。だからこそ、「国語」は重要です。そして「大学入学共通テスト」は、その「国語」の教育に大きななたをふり下ろそうとしています。それは正しいことなのか、適切な手術なのか。やりすごし、見すごしていていいことなのか。

改革には徹底した議論が不可欠です。反対意見があってこそ、改革は真の改革になっていきます。「大学入学共通テスト」における「国語」の問題の分析と評価を通して、目の前にある「国語」の危機について考えていきましょう。

第1章

「大学入学共通テスト」の記述式問題例

†記述式問題例の衝撃

二〇一七年五月、独立行政法人大学入試センターから「大学入学共通テスト（仮称）記述式問題のモデル問題例」がプレス発表されました。

独立行政法人大学入試センターとは、文部科学省の管轄になる法人組織で、いわゆる「センター試験」を作成し、実施運営している機関です。一九七六年に前身の組織が作られ、七七年から大学入試センター、二〇〇一年に独立行政法人となりました。

いまから五年前の二〇一三年一〇月、第二次安倍晋三内閣のもとに設置された「教育再生実行会議」が高等学校教育と大学教育との接続・大学入学者選抜の在り方について第四次提言を発表、これまでの「センター試験」を含めた大学入学者選抜制度の改革を提起しました。それを受けて、「センター試験」をどのように改めるかをめぐって、「中央教育審議会」を初めとする種々の会議や委員会が開かれ、「センター試験」の廃止と「大学入学共通テスト」の導入という提案となったのです。そこでは「記述式問題」を加えるなど、たいへん大きな改革案が計画されました。当然ながら、すべての受験生に大きな影響を与えます。どのような試験を目指しているのか、具体的な試験問題のサンプル・モデルが一般に公開されたのです。

「大学入学共通テスト（仮称）記述式問題のモデル問題例」と題されたこの資料は、「Ⅰ　高等学校学習指導要領『国語総合』の『内容』のポイント」と「Ⅱ　記述式問題のモデル問題例と評価することをねらいとする能力について（国語）」の二部から構成されています。そして「Ⅰ　高等学校学習指導要領『国語総合』の『内容』のポイント」では、二ページにわたって、「学習指導要領」で規定された教科「国語総合」の紹介がなされています。つまり、新しい「指導要領」ではなく、現在の「指導要領」に基づいて作成された問題であることが断られています。

現在の受験生は、新「指導要領」については何も知らないわけですし、それに即した授業を受けてもいません。このモデル問題例が示された段階では発表もされていませんでした。したがって、当然、現在の「指導要領」に即していなければなりません。もちろん、実際には来たるべき新「指導要領」対応を想定しています。この無理な前提条件は、試験内容は現「指導要領」でも対応できるものだと言うためです。実際、二〇一八年一月の「センター入試」にも部分的に変化の傾向が現れました。その上で問題形式は次の時代をにらんでいる、新「指導要領」対応のときはもっとさらに進化するつもりだと宣言しているのです。

けれども、発表された記述式問題のサンプルは、それまでのセンター試験の「国語」の問題とはまったく異質な、これまでの「指導要領」下の学校現場では教わっていないような問題形式でした。教育関係者や受験生（センターは実際の入試の受験生と区別して、プレテスト等の対象者を「受検生」と表記していますが、煩雑になるので「受験生」で統一します）、その保護者が大きな衝撃を覚えたのはそのためです。

次の「Ⅱ　記述式問題のモデル問題例と評価することをねらいとする能力について（国語）」という章では、そのモデル問題が紹介されています。しかし、この章題、日本語として奇異に見えませんか。冗語ではあるものの、「記述式問題のモデル問題例」までは分かります。そのあと「と」でつづく一節、「評価することをねらいとする能力」という言い回しは、何を言っているのか、とまどうばかりです。私たちはふつう「評価することをねらいとする」といった表現をほとんど使いません。この問題を通して、どのような能力を評価しようとしているのか、という意味なのでしょうが、無理矢理、ひとつの章題に収めようとしたのかもしれません。ただ、こういう言い回しのなかに、典型的な官僚文書の特徴が現れていて、そこにこそ改めるべき「言語活動」が見えるように思います。

†問題例1

では、実際の記述式のモデル問題を見ていきましょう。モデル問題は、1と2と二種類が示されました。このうち問題例1は、【資料A】（図）、【資料B】（公文書）、と「家族の会話」という三種類の質の異なる要素から構成されています。

ふつう、これまでの試験問題では一般的に「次の文章を読んで、あとの問いに答えなさい」という前置きがあり、「問題文」と呼ばれた文章がつづいていました。ところが、「文章」や「問題文」といった言葉が消えています。ここでは対象を「資料」と呼んでいるのです。たしかに「図」「公文書」「家族の対話」と、文章だけにとどまらない材料だからです。これらの資料をつなぐテーマは、景観保護と住民の生活権の軋轢《あつれき》についてです。この対立する意見をどのように折り合わせるかが、このモデル問題の焦点になります。旧来の「国語総合」や「現代文」にはない、まったく異質な出題内容であることは一目瞭然でしょう。

出題のねらいには、こう書かれていました。

> 架空の行政機関が広報を目的として作成した資料等を題材として用い、題材について話し合う場面や異なる立場からの提案書などを検討する言語活動の場を設定することにより、テクストを場面の中で的確に読み取る力、及び設問中の条件として示された目的等に応じて表現する力を問うた。

注目したいのは「言語活動の場」という概念です。つまり、言葉はニュートラルな場所で使われるのではなく、具体的な人と人の関わる場所で使われています。行政機関が市民に提示した広報文書であれば、それに応じた文体で書かれ、デザインされて示されます。家族間の話し合いであれば、そこで家族メンバーそれぞれの立場や価値観がそこに反映されます。**【資料A】**が相対的に客観性のより高い情報だとすれば、**【資料B】**は特定の「言語活動の場」のうち、自治体から市民に向けて提示された公共性の高い文書です。これに対して、「家族の会話」は特定の「言語活動の場」のうち、個別的な家族のなかの会話という場面に応じた文章となるわけです。

問題例1の冒頭にはこう書かれています。

> かおるさんの家は、**【資料A】**の「城見市街並み保存地区」に面している、伝統的な外観を保った建物である。城見市が作成した景観保護に関する**【資料B】**「城見市『街並み保存地区』景観保護ガイドラインのあらまし」と、かおるさんの父と姉の会話を読み、後の問い（問1〜4）に答えよ。

そして掲げられている**【資料A】**が次ページに掲載した〈図1〉です。

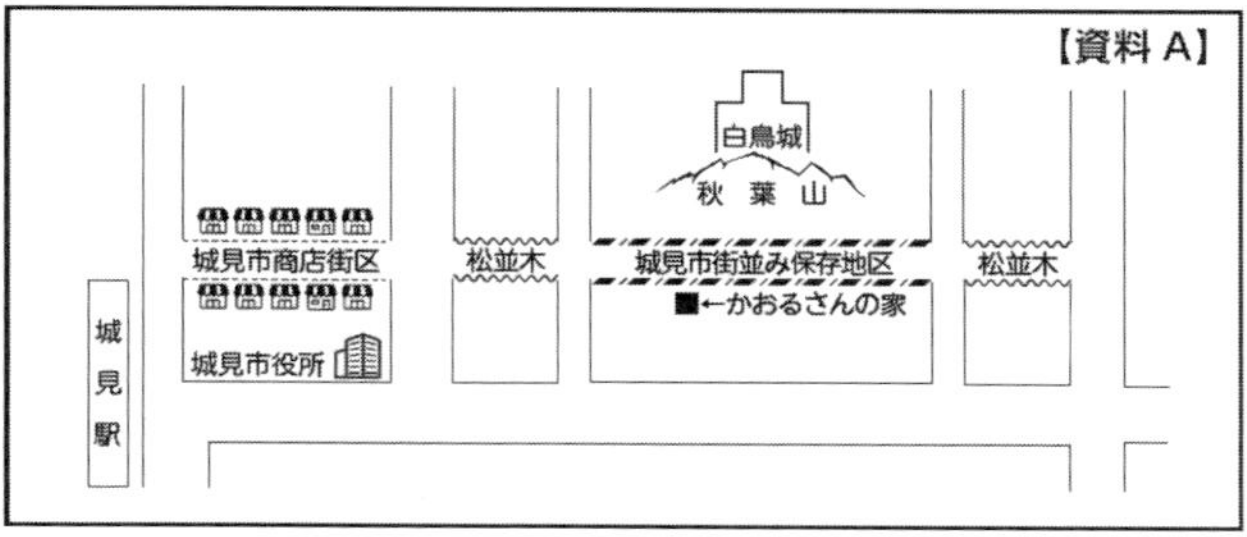

〈図1〉

【資料B】〈図2〉は、城見市が出したチラシそのもののように作られた文書です。【資料A】と同じく、カットも添えられ、あたかもホンモノのようにデザインされています。「国語」の試験問題は一般的に縦書きですが、ここでは横書きになっています。たしかに現実の「言語活動の場」では、こうした文書は横書きで告知されることが多い。したがって、そのように設定したのでしょう。

ページをめくると、今度は「家族の会話」が縦書きで印刷されています。ここでは「父」と「姉」の会話がつづきます。最初の説明には「かおるさんの父と姉の会話」とあり、一言もここでは発していない聞き手の「かおるさん」がいるということになっています。その沈黙の「かおるさん」がどう考えたかが焦点になるように配置されているのです。「資料」と名づけられた材料が三種類。しかも分量も格段に多くなりました。これらをすべて見たり読んだりすることが課題となっているのです。あとで見ていきます

【資料 B】

城見市「街並み保存地区」景観保護ガイドラインのあらまし

ガイドラインの基本的な考え方

城見市「街並み保存地区」一帯は、市名の由来にもなっている秋葉山山頂に築かれた白鳥城下を通る、旧街道の伝統的な道路遺構と街並みからなります。その街並みと自然とが呼応し、そこに集まる人々によって文化と共に育まれてきたところにその特徴があります。

私達は、「街並み保存地区」に限らず、城見市が育んできた歴史、文化の特質を尊重し、優れた自然と景観に対して十分配慮するとともに、この自然と景観を維持、保全、育成しなければなりません。そのためには、住民、企業、行政など全ての人々が城見市の景観に対するさらなる意識の向上を図り、貴重な財産であることを深く認識し、この美しい景観を将来の世代に引き継ぐ責務を負っているのです。

景観保護の目標

ア　市役所周辺から商店街区にかけてのにぎわいを連続させるとともに、都市の顔として風格のある空間づくりを進めます。

イ　秋葉山の眺望や松並木などの景観資源を活用し、親しみがあり愛着と魅力を感じる街並みを形成していきます。

ウ　広域からの外来者のある、観光や伝統行事などの拠点にふさわしい景観づくりを進めます。

景観保護の方針

- 松並木及び「街並み保存地区」の植栽を保全し、街並みや秋葉山の景観との調和を図ります。
- 建築物の壁面、広告物や看板の色彩については、原色などの目立つものを避け、伝統的建築物との調和を図ります。
- 個人住宅を含めて、建物外面の色調を落ち着いたものとし、壁面の位置や軒高をそろえます。
- 一般及び観光客用の駐車場や街路のごみ箱、ごみ収集時のごみ置き場は目立たないように工夫します。
- 「街並み保存地区」は自動車の出入りを制限し、ゆとりある歩行空間を確保します。
- 議会等との協議を通して、景観を保護するために必要な予算があれば、その計上を検討していきます。

〈図 2〉

が、新「指導要領」では、「情報を多面的・多角的に精査し構造化する力」が重視されています。さらにそれに応じて「考えを形成・深化させ、文章や発話によって表現する力」が問われることになりました。「文章」や「問題文」でなく「資料」とすることで、言葉だけではない「情報」を解読するという考え方の片鱗が現れています。「多面的・多角的」ということが、質の異なる「資料」を読むことにつながっているのです。

【資料B】城見市「街並み保存地区」景観保護ガイドラインのあらまし

ガイドラインの基本的な考え方

城見市「街並み保存地区」一帯は、市名の由来にもなっている秋葉山山頂に築かれた白鳥城下を通る、旧街道の伝統的な道路遺構と街並みからなります。その街並みと自然とが呼応し、そこに集まる人々によって文化と共に育まれてきたところにその特徴があります。

私達は、「街並み保存地区」に限らず、城見市が育んできた歴史、文化の特質を尊重し、優れた自然と景観に対して十分配慮するとともに、この自然と景観を維持、保全、育成しなければなりません。そのためには、住民、企業、行政など全ての人々が城見市の景観に対するさらなる意識の向上を図り、貴重な財産であることを深く認識し、この美しい景観を将来の世代に引き継ぐ責務を負っているのです。

景観保護の目標

ア　市役所周辺から商店街区にかけてのにぎわいを連続させるとともに、都市の顔として風格のある空間づくりを進めます。

イ　秋葉山の眺望や松並木などの景観資源を活用し、親しみがあり、愛着と魅力を感じる街並みを形成していきます。

ウ　広域からの外来者のある、観光や伝統行事などの拠点にふさわしい景観づくりを進めます。

景観保護の方針

・松並木及び「街並み保存地区」の植栽を保全し、街並みや秋葉山の景観との調和を図ります。
・建築物の壁面、広告物や看板の色彩については、原色などの目立つものを避け、伝統的建築物との調和を図ります。
・個人住宅を含めて、建物外面の色調を落ち着いたものとし、壁面の位置や軒高をそろえます。
・一般及び観光客用の駐車場や街路のごみ箱、ごみ収集時のごみ置き場は目立たないように工夫します。
・「街並み保存地区」は、自動車の出入りを制限し、ゆとりある歩行空間を確保します。
・議会等との協議を通して、景観を保護するために必要な予算があれば、その計上を検討していきます。

†家族の会話

さて、「家族の会話」は次のようになっています。

姉「(住民対象の説明会から帰ってきた父に) お疲れさま……説明会、どうだった？」
父「ああ、これ、資料だよ。(**【資料B】**を姉に渡す) ……最近、うちの周りもそうだけど、空き家が多くなってきたよね。この間も、少し向こうの空き家の裏口のカギが壊されたりしたそうだけど、このままだと治安の面が不安だ。それが取り壊されても、その跡地に『街並み保存地区』っていう名前にふさわしくない建物が建てられてしまうかもしれない。地元の企業がまちづくりの提案をしているという話も出ているしね。そこで市としては、ここでガイドラインを示して景観を守ることで、この一帯を観光資源にしていきたいという計画らしいね。つまり、一石二鳥を狙った訳さ。」
姉「なるほどね。それで、うちの周りはどうなるの？」
父「うちの前の道路、『ゆとりある歩行空間を確保』っていう話だったから、電柱を移動させるか、電線を埋設するかになるんだろうけど、狭いままだってことには変わりないな。」
姉「我が家の外壁を塗り直そうかって時は、その費用は市が負担してくれるの？」
父「多分、それはないんじゃないか。市の予算は、公共の環境整備に使うだろう。」
姉「あれ、そうなの？　……ところでお父さんは、このガイドラインの導入について、どう思ってるの？」
父「私は反対だよ。住民の負担が大きすぎるね。外壁の塗装も建物の改築も、すべて周辺の景観に配慮した上で、適切な対応を自己負担で考えなければいけない。これじゃあ、引っ越した方が気が楽だ。かえって空き家を増やすだけだと思うよ。」
姉「でも、今のままだと、ここはどんどん衰退していくだけだよね？　住民がいなくなると、この街の文化や歴史の一部が途絶えてしまうよね。この辺って、道路も狭いし、家も古いけど、この街並み、私は結構好きだな。だから、マイナスだと思っていることでも、逆にこの街の魅力にしたら、観光客にＰＲすることもできるんじゃないかな。街並みを整備して、地域の魅力づくりに成功したら、ここから出て行く人が少なくなって、空き家も減るよ。そうしたら、この街は守られるよね。」
父「それは希望的な推測だし、感情論に過ぎないね。実際問題として、ガイドラインの通り、古い街並みを残すとしたら、家を改築する時に、デザイン料にせよ材料費にせよ、通常以上の自己負担が必要になる。これじゃ、地域住民の同意は得られないよ。」
姉「私は、ある程度の住民の自己負担は必要だと思う。こういう地域づくりって、行政に任せっぱなしにしたままで、私たち地域住民は受け身でいていいのかな。それに、ガイドラインには広告や看板の色彩のことも書いてあるけど、これからは、自然環境も含めて、そうした住環境も大事にしないといけないと思うの。確かに色々と制約があるし、お金もかかるけど、『地域を守り、地域の魅力を作っていくのは、他でもない私たち自身なんだ』っていう意識を持って、私たちの生まれ育ったこの街を守っていくためには、ある程度の自己負担も必要だよ。」
父「私も、すべて行政に任せちゃえばいいとは思ってないよ。だけど、個人の家や庭に手を入れることは、本質的にその人の自由意志だし、住民の利便性を考えた道路整備は間違いなく行政の仕事だ。ところがガイドラインに従うと、古い家を思うように直すこともできないし、狭い道もそのまま使うっていう不自由を、住民に強いることになる。現実的に発生する問題から目をそらして、感情論で地域づくりを語っても、そんなものは絵に描いた餅に過ぎないよ。」
姉「じゃあ、このまま何もしなくていいの？　街がさびれていく様子を、ただ黙って見てろってこと？」

会話はここで終わっています。父と姉の議論は結論にいたることなく終わり、「かおるさん」は黙ってそれを聞いているだけです。

最初の【資料A】をよく見てください。この図は左に「城見駅」、右へずっと「商店街」「松並木」とつづいて、「かおるさんの家」のある「街並み保存地区」となります。このあまりに単純素朴な地図で焦点になるのは、実は「街並み保存地区」とそのなかにある「かおるさんの家」だけです。両側に「松並木」があることや「商店街」「秋葉山」や「白鳥城」、「城見駅」や「城見市役所」などは、【資料B】の公文書との関係で書き込まれているのだと分かります。ほんとうはこのような図など特に必要はありません。景観保存という公共の意図と、自分の家を中心とする個人生活における自由との矛盾をどう解くかという会話があり、そのなかから読み取ることのできる情報が鍵になっているのですから、余計な図だと言っても差し支えありません。

しかし、こういうムダな情報を少なからず配置しておくというのがこの【資料A】の狙いです。ムダな情報のなかから大事な情報を選ぶ。そうした目を持っているかどうか。あまりに簡単すぎると思う人もいるかもしれませんが、この後のサンプルにしても、「国語」

の試験問題のなかに図表を持ち込み、目をくらませるのが「共通テスト」のさまざまな試みの一つでもあるのです。

【資料B】は、いかにも公文書の文体で書かれています。フラットで紋切り型の文章ですが、問題としてはこの文章をきちんと理解し、重要な情報とそうでない情報に切り分けることができるかどうかが問われることになります。父と姉との会話文も絵に描いたようなセリフのやりとりで終始します。むしろ、こうした「国語」の問題文としては稀有な、意味が明瞭で一義的な文章がこのサンプルの特徴なのです。

†設問チェック

個々の設問を見てみましょう。

> **問1**　会話文中の傍線部「一石二鳥」とは、この場合街並み保存地区が何によってどうなることを指すか、「一石」と「二鳥」の内容がわかるように四〇字以内で答えよ（ただし、句読点を含む）。

これは一見すると四字熟語の意味を問う設問ですが、文脈に即して指示されている、より具体的な内容を書かせる設問になっています。

正答例は「景観を守るガイドラインによって、治安が維持され観光資源として活用されること」ですが、「一石」がこの景観保護のガイドラインの設定にあたります。それによって獲得を目指した「二鳥」が治安の維持と観光資源としての活用となるわけです。実際には「家族の会話」の最初に出てくる「ああ、これ、資料だよ」に始まる父の会話に、このすべてが入っています。「治安の面が不安だ」というくだりと、「一石二鳥」という言葉の直前にある「ガイドラインを示して景観を守ることで、この一帯を観光資源にしていきたいという計画らしい」というくだりを組み合わせれば正解になります。平易な設問ですが、四字熟語自体の意味も知らなければならないので、導入としては悪い設問ではありません。おそらく、高校で行われるふつうの試験問題にもこういった設問があるでしょう。

ところが、次の問2くらいから少しずつ設問が変わっていきます。そもそも三種類の「資料」を読み込まなければならない上に、さらに別の問題文をプラスして、「資料」相互の関係を「構造化」させようとしている問いが出てきます。

問2　ある会社が、「街並み保存地区」の活性化に向けた提案書を城見市に提出した。次の文章はその**【提案書の要旨】**である。これに対して、城見市は、ガイドラインに従って計画の一部を修正するよう、その会社に求めた。どの部分をどのように修正することを求めたと考えられるか、三十五字以内で述べよ（ただし、句読点を含む）。

【提案書の要旨】

複数の空き家が連続して並んでいる場所を再利用した商業施設を作りたい。古くて味わいのある民家を最大限活用したカフェ、洋服屋、本屋、雑貨屋、美容院などを総合的にプロデュースすることで、「一度は行ってみたい」まちづくりに貢献したい。初めて訪れる観光客にも親切なように、目につきやすい色の看板を数多く配置し、行きたい店をすぐに探せる配慮をする。また、住民にも利便性の高い店の誘致を進める。

まず、この【提案書の要旨】を熟読しなければなりません。その上で、ガイドラインの公文書（【資料B】）と照らし合わせ、矛盾点を見つけることになります。手間はかかりますが、これもそれほど難しい設問ではありません。ガイドラインは一枚のチラシにびっしり文章が並んでいますが、「景観保護の方針」と明記して規制や禁止、また逆に推奨の条項が出ています。ここに注意をしましょう。

提案書には「古くて味わいのある民家」の再利用、「一度は行ってみたい」まちづくりと、少なくとも市にとってもプラスになる材料が出ています。となれば、矛盾する材料が出るのは後半です。

ここには「初めて訪れる観光客にも親切なように、目につきやすい色の看板を数多く配置し、行きたい店をすぐに探せる配慮をする」ことと、「住民にも利便性の高い店の誘致」の二つが書かれています。「利便性の高い店の誘致」がそれ自体では悪いわけはありません。そこで前者をつぶさに見てみます。ここに「目につきやすい色の看板を数多く配置」と出ています。これが「景観保護の方針」と食い違うかどうか。「方針」の二項目に「建築物の壁面、広告物や看板の色彩については、原色などの目立つものを避け、伝統的建築物との調和を図ります」とあり、これが方針との矛盾点となります。したがって、「看板は目につきやすい色ではなく、伝統的建築物と調和した色彩にすること」が正答例です。

記述式問題に答えるときは、できるかぎり本文に出てくる言葉を用いるというのが「国語」の試験一般の鉄則です。企業の「提案書」にある「目につきやすい色の看板」という言葉と、「原色などの目立つものを避け」という方針中の言葉を組み合わせて、「看板は目につきやすい色ではなく」とか、「看板は目につきやすい色を避け」といった前段を作ります。そして「伝統的建築物との調和を図ります」という方針の結びを利用して、「伝統的建築物と調和した色彩にする」と後段の要素を作り、最後に「〜こと」と結べば間違えることはありません。

これも読むべき資料が増えてはいますが、難易度は低いと言っていいでしょう。

†平易な問いは効力をもたない

> 問3　会話文から読み取ることができる、父と姉の「景観保護ガイドライン」の導入についての議論の対立点を、「〜の是非。」という文末で終わるように二〇字以内で述べよ(ただし、読点を含む)。

この問3は、父と姉の会話をきちんと要約できるかどうかをめぐる設問です。姉は「ところでお父さんは、このガイドラインの導入について、どう思ってるの?」と質問していますから、そのあたりから両者の意見の違いを見つければいいわけです。父は反対だと言った上で、「住民の負担が大きすぎる」と語ります。姉が「街並みを整備して、地域の魅力づくりに成功したら」と仮定の上での希望を語ると、父はそれは「希望的な推測」「感情論」に過ぎないと返しています。この対立は最後までつづき、姉が「私は、ある程度の住民の自己負担は必要だ」と考えるのに対して、父は「ガイドラインに従うと、古い家を思うように直すこともできないし、狭い道もそのまま使うっていう不自由を、住民に強いる」と住民の「自由意志」を重視すべきだと答えているのです。

したがって、対立点は住民の「自由意志」が妨げられることと、制限による「自己負担」を受け入れるか否かになります。これらを組み合わせて二〇字以内の解答を作文すればいいわけです。センターが示した正答例は、一つは「個人の自由を制限し、自己負担を求めること（の是非。）（二〇字）」であり、いま一つは「自己負担や制限を受け入れて進めること（の是非。）（一八字）」となっています。どちらも「制限」という言葉を使っていますが、これは**【資料B】**の「景観保護の方針」に出てくる言葉で、会話のなかで使われているのは「制約」です。どちらを使ってもかまわないはずです。

少なくとも、ここまでの設問は、一般的に記述式問題として作成される高校の定期試験などの設問と大差ないか、あるいは平易すぎる問いだと言っていいでしょう。果たして、これでそんなに点差がつくだろうか、という疑問すら湧いてきます。入学選抜を目的とした入学試験は、どの教科でも平均点が五〇〜六〇点のあいだに収まるようにした上で、高得点から低得点まで点差がうまく分散するように設定する、それが優れた試験問題ということになります。ある教科だけ平均点がぐっと高くあるいは低くなり、受験生の得点差の幅があまり開かない結果になると、合格か不合格かを分ける選抜試験としての機能が下がることになるからです。

仮に「国語」「英語」「数学」で試験を受けたとします。そのときの「国語」の問題のみが平易あるいは難解な問題であったために、採点結果で最高点と最低点の差が縮まり、三〇点差のなかに全受験者が入ってしまったとしましょう。受験者数の分母が大きい場合、一点刻みのなかに多くの受験生が並ぶ可能性が高くなります。ところが、他の二教科は最高と最低で七〇点もの差が出た。その点差のあいだに受験生が散らばると、個々の受験生の得点差はかなり広くなります。

一般に入学試験の場合は、大学の学部・学科の専門性に応じてある教科を重視し、その得点のみを一・五倍や二倍にカウントするなどの特別な処理（傾斜配点と言います）をすることがあります。しかし、仮にそういうことがあっても、選んだ教科の得点を足し算して合計得点を出すわけですから、「国語」の得点差の効力が減ることになるのです。つまり、五点差や一〇点差の開いた二教科の能力差は合否をわける際に有効に作用しますが、一点差に何人もがひしめく一教科の能力差は生かされる割合が少なくなり、実際に入学した合格者もその教科が求める能力において優れているかどうかが判定困難になってしまうのです。

入学試験の問題は易しすぎても難しすぎてもよくない、かつ受験生の得点が適度に分散し、得点分布が平均点を中心になだらかな山のようになるのが理想です。だからこそ問題の作成はたいへんなのです。作成委員になると、受験生がどれくらい正答にたどりつくか、どれくらい間違うかを想定しながら問題を作りますが、いつもバランスよくいくとは限りません。しかし、およそ五十万人が受験する「大学入学共通テスト」になると、年度毎の多少の上がり下がりにすぎないと言い切ることはできません。平易な問題でありすぎることは、「国語」の試験を、能力差を測る上で役に立たないものに変えてしまうということでもあるのです。わざわざ記述式にしながら、これでは意味がありません。まして、これはサンプルとはいえ、今後の「大学入学共通テスト」のモデル問題でもあったはずです。

†正解への誘導

問4になると、設問傾向が一変し、論理と表現力をひとまず問う内容になっていきます。

> 問4　父と姉の会話を聞いて、改めてガイドラインを読んだかおるさんは、姉に賛成する立場で姉の意見を補うことにした。かおるさんはどのような意見を述べたと考えられるか、次の条件に従って述べよ（ただし、句読点を含む）。

条件1　全体を二文でまとめ、合計八〇字以上、一二〇字以内で述べること。なお、会話体にしなくてもよい。
条件2　一文目に、「ガイドラインの基本的な考え方」と、姉の意見が一致している点を簡潔に示すこと。
条件3　二文目に、「経済的負担」を軽減する方法について述べること。
条件4　条件2・条件3について、それぞれの根拠となる記述を【資料B】「城見市『街並み保存地区』景観保護ガイドラインのあらまし」から引用し、その部分を「　」で示すこと。なお、文中では「ガイドライン」と省略してもよい。

「かおるさん」が会話に登場していないことは先にふれたとおりです。これはその「かおるさん」の位置に読者である受験生を当てて、想像的に「かおるさん」の意見を構成させようという設問です。作中人物の心情を想像させることであるならば、しばしば、小説を素材にした問題で用いられる設問方法です。しかし、これはそれとも違います。むしろ、四つの条件が課されることによって、意見の方向性はすでに決まっています。その意見を説得力あるものにするために、姉の意見との一致（条件2）を踏まえた上で、父の懸念する「自己負担」が過重にならないようにする方策（条件3）を加えて、父の説得にあたる文章が求められているのです。

条件1は、解答の文と文字の数を規定し、いろいろなバリエーションある解答を抑えるための指示です。条件4は、根拠となるものを**【資料B】**の公文書から「引用」せよという指示になります。最近、政治や官公庁で流行している言い回しに「エビデンスを示せ」というのがありますが、「引用」はまさにそうしたエビデンス（証拠）のひとつです。ここにこう書いてあると正確に引用して示しながら、相手の説得・交渉にあたる、そうした議論のレトリックを身につけようというのでしょう。

したがって、大学入試センターから提示されている正答例は、こうなります。

> 姉の意見は、「全ての人々」が「意識の向上」を図り、「景観を将来の世代に引き継ぐ」というガイドラインの考え方と一致している。また、方針に「景観を保護するために必要な予算があれば、その計上を検討」するとあるので、補助が受けられる可能性がある。（一一九字）

「国語」教育にたずさわり、実際に数々の試験問題を作成してきた人ならば、この問いと正答例をにらんで、うーむと腕を組んでしまうはずです。

「一二〇字以内」という文字数は、それまでの設問の文字数を超えた、一定のかたまりとなっています。一般的な設問のしかたを考えるなら、たとえば「父と姉の会話を聞いて、改めてガイドラインを読んだかおるさんは、姉に賛成する立場で姉の意見を補うことにした。かおるさんはどのような意見を述べたと考えられるか、八〇字以上、一二〇字以内で述べよ（ただし、句読点を含む）」という問い方があり得ると思います。しかし、「かおるさん」の意見を推定できる証拠はこの会話のどこにも出ていないので、正解を出しにくくなります。姉に「賛成」したのであれば、こういうことを言うのではないかと想像するとして、その答えは百人いれば百通りあり、どれが正しくてどれが間違っているかを決めるのは不可能です。1から4までの条件の提示は、こうした解答不可能な問いに対して、正答に誘導するためになされています。なぜ、そうしているのか。一見すると、採点のぶれをなくすためだと考えられます。

条件1は、二つのセンテンスで書けという指示です。センテンスの数や長短は必ずしも絶対条件ではないはずですが、短文の方が明快になる、そうしないと採点の速度が落ちます。条件2では、姉の「ガイドライン」の考え方に賛成であることがここでも強調されていますので、問われているのは「ガイドライン」の考え方がどのようなものかだけだと言っていいでしょう。それを簡潔に示せばいいのです。「全ての人々」が「意識の向上」を図ることと、「景観を将来の世代に引き継ぐ」ことの二つの要素をきちんと組み合わせて書けば問題ありません。どちらか一つであった場合の減点幅を決めておけば、採点が容易になります。条件3は「経済的負担」の軽減が指摘されています。その具体案は会話ではどこにも出ていません。「かおるさん」がそんなことに気づいたかどうかもはっきりしていないのですが、意図的にあえて気づいたということにしようというのです。ということは、ヒントは「かおるさん」も父も姉も読むことができて、受験生も読むことのできる唯一の材料である「ガイドライン」のなかから見つければいいわけです。すると「ガイドライン」のいちばん最後に、「議会等との協議を通して、景観を保護するために必要な予算があれば、その計上を検討していきます」と出てきます。ここだけが唯一の経済にふれたところです。したがって、ここを手がかりに「補助金」を狙おうというのが、設問者の想定する「かおるさん」の意見ということになります。

†第三者のポジション

うーむと唸ったのは、書かれていないことから個人の意見を推定するという手続きに慣れていないからでもあります。これまでの「国語」の出題パターンで、かつ採点可能な出題を私が作成するならば、設問はこんなふうになると思います。

〈設問例〉このあと「姉」は住民の「自由意志」と経済的な「自己負担」の矛盾を解消して街を守るため、「ガイドライン」の一部を突破口に父を説得しました。それはどこか。「ガイドライン」をよく読んで、該当する箇所を抜き出しなさい。

これまでの出題パターンでは、問題文に登場する人物に視点を置いて、その人物の視線で捉えることを前提にします。サンプルのような、登場人物が複数出てくる問題文であれば、そのような問い方を基本とします。そして今回とほぼ近い正答を導き出したいのであれば、これで問題はないはずです。しかし、このモデル問題の出題者はそうした問いを採用しませんでした。ここに登場する人物のいずれでもなく、一言も発していない空白の人物である「かおるさん」の名を借りて問いを立て、かつ正答に誘導するという奇妙な手法をとったのです。なぜ、そのような手続きをとらなければならなかったのでしょうか。

推測するに、これは父と姉という二つの意見を対立させた上で、第三者というポジションを重視したのではないでしょうか。哲学には、ある命題に対して、反対の命題をぶつけ、両者の矛盾と対立のなかからそれらを乗り越える命題を案出する「弁証法」という対話的な論理技術がありますが、そうした論理の展開を人物ごとにあてはめようとしたように思えます。しかも、正反合の「合」にあたる「かおるさん」の意見とされる解答は、姉に賛意を唱えつつ、父の危惧にも対応できるような「補助金」問題に言及し、行政を動かすことにしようという方向にリードされていたわけです。もちろん、これは「弁証法」のまねごとであって、そのものではありません。あるのは、条件を狭めていって、「資料」のなかの特定の「情報」を見つけてくるようにという指示なのです。

　論理学を学ぶことが重要であるのは言うまでもありません。私もそれは賛成します。しかし、ここにあるのは一定の規律訓練を覚えさせるのと似たようなことです。しかも、「自由意志」と「自己負担」という、いま登場人物たちが直面している大きな問題を、「補助金」支給問題で切り抜けようという方向に導くように問いと答えが用意されています。これは政治的な政策の提示に等しいのですが、果たしてそれは適切なのでしょうか。政府や自治体からの「補助金」はたしかにさまざまな事業や組織・機関にとって大きな柱になりますし、独立して新規の起業をやろうとする人やNPO法人のような団体にとっても支えとなるでしょう。しかし、他方で「補助金」に依存してしまう傾向があることも否定できません。実際に原発にしても米軍基地問題にしても、住民の「自由意志」と「自己負担」の矛盾を、ひとまず抑え込む政策として特別な「補助金」交付制度が機能してきたことを、私たちは知っています。

姉が「ガイドライン」の「補助金」に言及した箇所をとりあげ、父を説得するような展開にしたとして同じ理屈ではないかと言われるかもしれません。しかし、それは登場人物の「主観」のなかでの論理をたどることになります。設問に答える側は、自分とは異なるこの人物の理屈ではどうなのかを想像して考えるわけです。それは、「かおるさん」という、事前情報ゼロのまっさらな第三者に、受験生である読者が身を重ねて、方向付けられた推論をたどるのと、同じではありません。

この場合の第三者とは、対立する意見に対して、少し上の立場から判断を下す審級にあります。しかも、この人物の主観を示唆するような個性も、意見も何も示されていないのです。超越的な第三者性をここまできっちり設定した上で受験生の誘導をはかるのは、論理学の学びという目的よりも、社会参加のしかたを方向付ける目的があるからのように思えます。

†「問題文」から「資料」へ

こうした記述式問題のモデルがこれまでの「国語」の問題文とは大きく違うことは先にふれたとおりです。最大の違いは、「問題文」という概念もなくなり、すべては「資料」

となり、その「資料」の書き手の署名がないことです。

【資料A】は図というか、ただのイラストでした。その書き手は示されず、架空の城見市と「かおるさんの家」の地理的な条件を示すための「客観的」なデータとしての扱いだったわけです。誰が作ったかは問われません。他の教科の試験に出るグラフや図表と同じだと考えているのでしょう。しかし、とはいえ、この無名性が気になります。地図であれば、国土地理院のどのデータに基づくかを示すようなクレジットが入ります。それもありません。作成者による任意の図ということになるのです。

【資料B】は、城見市が作成した景観保護の「ガイドライン」の公文書であり、これも署名はありません。発行は城見市であり、その公共機関が作成した文書です。父のように反対であるとしても、当面は互いが守らなければならない公のルールとなります。

そして最後の「資料」にあたる「家族の会話」は、父と姉という発話者がいますが、それは記録として示されていて、誰かの記憶のなかの会話でもないし、想像のなかの会話と受け取ってはならないという設定になっています。この会話を記録した書き手も署名はありません。父を父と呼び、姉を姉と呼ぶ人物として必然的に「かおるさん」が聞き手となるはずですが、そうした聞き手の「主観」があまり前面に出ないようになっているのです。

これまで「国語」の大学入試問題、それのみならずほとんどの高校の「国語」教科書において教材として採用されてきたのは、大半が署名のある文章です。山崎正和や大岡信、古くは丸山眞男や柳田國男、小説では芥川龍之介、中島敦、夏目漱石など、署名のある書き手の評論や小説などを載せてきました。なぜ、署名のある文章が前提とされてきたのでしょうか。

たとえば、「日本史」や「世界史」の教科書には記述者の署名がありません。客観的な記述を目指しているからです。しかし、歴史の教科書はしばしば政治的な論争を呼びました。教科書の記述に対して、事実かどうかという問いを徹底してつきつけ、立証するエビデンスがない以上は、事実と言えない、虚偽であると否定し、非難する、そのような議論が今もなお続いています。

これに対して、「国語」は少なくとも中学・高校では、署名のある教材を通して、その書き手の個性的な主観を媒介に世界をとらえることを学んできました。まるきり嘘偽りの文章を用いることはないけれども、著者のフィルターから見える世界が並列する。そのような構成がなされていたはずです。そのフィルターは書き手の主観であり、同時にその主観を成り立たせているのは言葉とその表現法です。したがって、「国語」においてこれまで重要視されてきたのは、書かれていることがらの真偽ではなく、どのように表現されているかでした。ある評論を教材にするときでも、書き手の考えに賛成か、反対かはひとまず描く。まず書き手が中心となることがらをどのように捉え、どのように表現しているかを学んで、そのあとで書き手のフィルターでは見えないところ、抜け落ちているところは何かを考えるという教育を進めてきたのです。

それは試験問題の作成においても同じでした。どんな問題文を選ぶか、誰のどの文章から引用するか、多くの問題作成者はそこに腐心し、試験問題の成否もそこにかかっているという自負をもって、定期試験であれば教科書のなかの問題文を、目を皿のようにして精読し、実力試験や入学試験であれば、まだ多くの人が知らない文章のなかから問題文になりそうな箇所を探すべく、多くの書物や雑誌を博捜してきたのです。

†署名のない問題文

しかし、このサンプル問題では署名のない問題文が導入されました。この一例からだけで判断するのはむずかしいですが、いくつか指摘することはできます。

一つは、これはシミュレーション型の問題文で、架空の市、架空の条件での思考実験をしようという趣旨で成り立っています。しかし、架空の市とはいえ、公共機関の公文書を前提に、その解釈と運用を議論の対象にしています。住民である父と姉は、公文書の内容に対して賛否がわかれますが、これを前提にしなければならないという判断で共通しています。つまり、「ガイドライン」に反対の父が「ガイドライン」改定に乗り出すという選択肢はそもそも想定されていません。かつまた、受験生がみずからを重ね合わせてみる妹の「かおるさん」は、「ガイドライン」を支持する姉の意見にまず賛成したことになっています。そして「ガイドライン」のなかで父も納得する方策を探るかたちで、設問が導かれているわけです。

したがって、この問題はまず公共機関の公文書への批判や反発に抑制的に動くことを推奨しています。市役所は住民に対して、適切なかたちで規制と奨励を行っているのですから、それにしたがうことを促しています。仮にそうした見解が表明されているのだとしても、それがある特定の人物によって書かれているものならばそれもありうるでしょう。しかし、その署名はありません。

少なくとも、私たちは国家も行政府も公共機関もときに間違いを犯す、失敗することがあるということを知っています。公共機関であるがゆえに、その失敗の訂正はきわめて困難になり、修正や謝罪は長期にわたり、深刻な影響をこうむった人々が長く苦しんだ歴史があることを知っています。「国語」の教育は「道徳」教育でもなければ、「歴史」教育でもありません。署名のある問題文を用いるということは、ただ単に著名人や作家、学者の文章を集めるために行っているのではないのです。書き手の主観的な限界こそが重要であると判断しているからです。これに対して、無署名の文章には一定の権力性がつきまといます。サンプル問題はそのことに無自覚であるか、あるいは反対に意図的にそうしているか、そのどちらかだと言えましょう。

†問題例2

モデル問題例の二つ目は、ひとりの人物と駐車場の管理会社とのやりとりをめぐる問題です。これもきわめて卑近な「言語活動の場」が想定されています。出題のねらいにはこう書かれていました。

> 論理が明確な「契約書」という実社会とのかかわりが深い文章を題材とする言語活動の場を設定することにより、テクストを場面の中で的確に読み取る力、及び設問中の条件として示された目的等に応じて表現する力を問うた。

たしかに、「契約書」は大人が社会に生活していく上で、さまざまな局面で交わされることになります。そうした文書に慣れておく方がいいというのは分かりますが、その程度のことであれば、わざわざ試験問題にするまでもなく、「契約書」の読み方、使い方を記したサイトを、市民生活マニュアルの見やすいところ、検索しやすいところに掲げればいいだけの話です。しかし、どうやらこの問題の作成者は私たちが実社会で生きていくための知恵を、試験形式で覚えさせたいようです。

> 転勤の多い会社に勤めているサユリさんは、通勤用に自動車を所有しており、自宅近くに駐車場を借りている。以下は、その駐車場の管理会社である原パークとサユリさんが締結した契約書の一部である。これを読んで、あとの問い（問1〜3）に答えよ。

まず、問題はこうしたリード文から始まって、契約書を掲げます。大学入試センターで公表されたものは、横書きになっていましたが、ここでは読みやすさを考えて、縦書きに直しました。

> 駐車場使用契約書
>
> 貸主　原パーク（以下、「甲」という。）と借主　◯◯サユリ（以下、「乙」という。）は、次のとおり駐車場の使用契約を締結する。

第1条　合意内容
甲は、乙に対し、甲が所有する下記駐車場を自動車一台の保管場所として使用する目的で賃貸する。
住所　東京都新川市新川朝日町二丁目三番地
名称　原パーキング第一
駐車位置番号　11番
（駐車場の表示）
第2条　期間
乙の使用する期間は、平成二八年四月一日から平成二九年三月三一日の一年間とする。契約期間満了までに甲、乙いずれか一方から何等の申し入れがない時は、さらに一年間の契約が自動的に更新されるものとする。
第3条　駐車料金
乙は、以下のとおり駐車料金を支払うものとする。
敷金（※注）　金二〇、〇〇〇円
月額駐車料金　金二一、六〇〇円（税込）

支払期日　毎月末日までに翌月分を支払うものとする

支払方法　甲指定の銀行口座への振込

第4条　駐車料金の改定

甲は、この契約期間中、物価の変動、経費の増加、近隣駐車料金その他の経済情勢の変動により、月額駐車料金が不相当と認められるときは、これを改定できるものとする。

第5条　乙の注意義務

乙は、駐車場の使用にあたって、次のことをしてはならない。

（1）この契約により取得した権利を他に譲渡又は転貸すること。

（2）他の駐車場使用者の迷惑となること。

（3）爆発物や危険物等、法律で禁止されているものを持ち込むこと。

（4）甲が定める駐車場の管理規則に違反すること。

第6条　解約事由

乙に次のことがあった場合には、甲は何らの催促を要せず、この契約を直ちに解除できるものとする。

（1）駐車料金の納期期限後、一か月を超過しても支払いがないとき。なお、その場合は、超過した一か月分についても駐車料金が発生するものとする。
（2）前条に定める注意義務事項に違反したとき。
第7条　途中解約
契約期間中であっても、乙は甲に対して解約日の一か月前までに、甲は乙に対して六か月前までに書面により予告することによって、本契約を解約することができる。ただし、乙はこの予告なしに本契約を解約するときは、一か月相当額の駐車料を支払うものとする。
第8条　返還義務
乙は、この契約を終了又は解約したときは、解約日の翌日から甲に駐車場を明け渡さなければならない。
（※注）敷金……土地の賃貸借に際して、賃料の支払いやその他の契約上の債務を担保するために、借主から貸主に交付される金銭のこと。

契約という言葉ですぐに思い出すのは「社会契約」という言葉です。これは「国家」が成立する前の「社会」では、原始的な「自然状態」があり、たとえば弱肉強食が平然と行われていた、それに対して市民同士の「同意」が基礎となって集団生活を成り立たせる契機として仮定された概念です。契約が成されるから、社会が成立し、その契約を守り、守らせる法的な統治機構として「国家」が成り立つというわけです。ホッブスからジョン・ロック、ジャン゠ジャック・ルソー、イマヌエル・カント、ヘーゲルをへて、ジョン・ロールズにいたる社会契約論の系譜は、しばしば「倫理」などの科目や、「政治経済」でも取り上げられる歴史的な材料です。

「国語」でこうした「契約」をめぐって書かれた評論文を扱うことはあり得ます。しかし、ここで問題作成者は評論に関心を向けず、あまりにも一般的な、ありふれた「契約書」そのものを「資料」として提示するところから始めています。しかも、ご覧のように、ブッキッシュなくらいにふつうの「契約書」の本文です。ここから、法的な契約文書の読み方を教えるというのがこのテストサンプルの狙いになっています。

設問を見てみましょう。

問1　駐車場使用契約を行った三か月後のある日、サユリさんのもとに、原パークの担当者から電話があった。

「もしもし、原パークですが、サユリさんですか？　いつもご利用ありがとうございます。現在、サユリさんには駐車場料金を毎月二一、六〇〇円払っていただいておりますが、このたび二四、八四〇円に値上げすることを決定いたしました。来月分より新料金でのお振り込みをよろしくお願いいたします。」

サユリさんは、この突然の値上げに納得がいかないので、原パークに対して今回の値上げに関する質問をしたい。契約書に沿って、どの条文の、どのような点について質問したらよいと考えられるか。解答の文末が「〜について質問する。」となるようにして、四〇字以内で述べよ（句読点を含む）。

駐車場の契約書を丁寧に読めば、回答はすぐに出てきます。第4条には「駐車料金の改定」とわざわざ見出しがつけられており、そこに「甲は、この契約期間中、物価の変動、経費の増加、近隣駐車料金その他の経済情勢の変動により、月額駐車料金が不相当と認められるときは、これを改定できるものとする」とありました。甲は、乙はという言い回しが契約書に慣れないと使いにくいとはいえ、これも契約書の冒頭に掲げられています。したがって、正答例は「第4条において、現在の駐車料金が不相当と認められる理由について質問する。（三六字）」となります。あっけないくらいの質問で、契約書という文章の形式に慣れていないことをべつにすれば、ほとんど中学生対象レベルの設問と言っていいでしょう。

†シチュエーション・ドラマ？

問2になってようやく、「契約書」を盾にとって管理会社と交渉する具体的な方法をめぐる設問が出てきます。

問2　平成二九年の三月二〇日、サユリさんは会社から急な転勤を命じられ、翌月の四月一日以降は駐車場を借りる必要がなくなることがわかった。これを原パークに伝えたところ、「一か月以上前に解約のご連絡をいただけなかったので、四月分の駐車料金はお支払いいただきたいと思います」と言われた。

あなたがサユリさんの友人ならば、原パークの主張に対して、サユリさんにどのようにアドバイスできると考えられるか。次の条件①〜③に従って書きなさい。

条件①　サユリさんの不利益にならないよう、原パークの主張に反論する内容にすること。
条件②　条文番号を明記しつつ、「原パークの主張の根拠とその誤っている点」と、「サユリさんの反論の根拠」の二点を明確に示すこと。
条件③　一二〇字以内で述べること。（句読点を含む。解答は会話調で書かなくてよい。）

これは、なかなかに興味深い設問です。契約書の第7条には「途中解約」の規程があります。それによると、「契約期間中であっても、乙は甲に対して解約日の一か月前までに、甲は乙に対して六か月前までに書面により予告することによって、本契約を解約することができる。ただし、乙はこの予告なしに本契約を解約するときは、一か月相当額の駐車料を支払うものとする」とあります。貸主である管理会社は解約の「六か月前」までに通達しなければならないが、借主が解約する場合は「一か月前」となっているのです。三月二〇日に転勤が決まった「サユリさん」はあと十日間しか残していないなかで、解約を申し出ました。とすれば、ふつうは「一か月相当額の駐車料」は払わなければならないのではないのでしょうか。

しかし、条件①と②を見るかぎり、反論は可能とされており、しかも条文のなかにその根拠があると書かれています。

もう一度、契約書を精読すれば、第2条の「期間」について「乙の使用する期間は、平成二八年四月一日から平成二九年三月三一日の一年間とする。契約期間満了までに甲、乙いずれか一方から何等の申し入れがない時は、さらに一年間の契約が自動的に更新されるものとする。」という一節がありました。転勤が決まったのが三月二〇日に設定されているのはこのためだったのです。他の月と異なり、契約更新の関わる三月に申し出た場合は、第7条の条件と違い、契約更新満了までのあいだに申し出ればいいということになり、正答例は次のようになります。

原パークは解約一か月前に予告がなかったとして一か月相当額の支払いを請求しているが、その根拠である第7条は途中解約の場合に適用される。サユリさんは第2条に沿って契約期間の満了に際して申し入れをしているので、これを支払う必要はないのではないか。(一二〇字)

契約書の矛盾点を見つけて、それで交渉の場にのぞもうという趣旨なのでしょうが、何とも不思議な設問です。たしかに、私たちはさまざまな法的な規制や契約によって拘束されています。それでいながら、安直に同意書や契約書にサインしてしまうこともしばしばです。それにより損失をこうむった人も少なくないでしょう。ですから、契約書をしっかり読み込んで、矛盾や空白、隙間を見つける訓練は受けておいた方がいい。それはよく分かります。しかし、これがさまざまな情報のなかから適切に問題点を見つけて、解決にいたる道筋を見出だす力を計ることになるのでしょうか。歯が浮くような抽象的で観念的な問題について考える暇があるなら、まず社会で生き延びるために現実的で実用的な交渉術と、そのために必要な理解力を身につけよと言っているかのようです。

同じことを学ぶために、もっと他のふさわしい場所があるように思います。試験問題としてもシチュエーションを理解するのに手間がかかり、条件提示も煩雑な設問ではないでしょうか。

†複雑化する「資料」

問3になると、煩雑さはもっと増してきます。

> 問3　転勤により引越をしたサユリさんは、改めて新居の近くに駐車場を借りることにした。ただし、前回の経験から、契約の期間や途中解約については、契約前に書面をよく確認したいと考えた。

以下の資料は、新たな駐車場の管理会社（新町P）との契約書から、該当部分を抜粋したものである。契約の期間や途中解約について、他の条項では触れられていない。これを確認したサユリさんは、新町Pとの契約書には、原パークとの契約書と比較して明確にされていない点があり、これが不利に働いてトラブルに巻き込まれる可能性があることに気づいた。この問題を解決するためには、どのような内容を契約書に盛り込んでおくべきか、解答欄に合わせて五〇字以内で述べよ（句読点を含む）。

第4条（契約期間）
　契約期間は、平成二九年四月一日から一年間とする。契約期間中、貸主が途中解約をする場合は、解約希望日の三か月前まで借主にその旨を通知するものとする。なお、解約した月の賃料は解約日までの日割り計算とする。
第5条（契約の更新）
　借主または貸主が本契約の更新を希望しない場合は、契約期間満了の一か月前までに相手方にその旨通知することとし、通知がない場合には、本契約は更新されたものとする。
第6条（解除）

借主につき、次の場合の一つに該当する事由があったときは、貸主は、何ら通知催告を要することなく直ちに本契約を解除できるものとする。
1. 賃料の支払いを二か月分以上怠ったとき
2. 貸主の承諾なく賃借権の譲渡、転貸、又はこれらに準ずる行為があったとき
3. 本件駐車場における工作物の設置、現状の改造・破壊等の行為があったとき
4. 別途定める管理規則や本契約に違反したとき

あまりに枝葉にわたる「資料」が多くなっているのが一目瞭然です。次から次へと関連する「資料」を増やしていき、その相互関連を考えるという課題を投げ続けているのです。これも細かく読めば分かりますが、「貸主が途中解約をする場合」や「借主または貸主が本契約の更新を希望しない場合」、貸主が「何ら通知催告を要することなく直ちに本契約を解除できる」場合は書かれていますが、借主側の記載がありません。**問2**で途中解約と更新時の解約の扱いの違いに直面した「サユリさん」としては、借主の解約ルールが明確でないことは不利になる危険性があります。正答例は次のようになります。

サユリさんが契約期間中に解約したい場合は、どの時点までに新町Pに通知をしなけ

ればならないか（という内容）。（四五字）

これだけの正答を得るために、引用のような長い資料提示がなされています。シチュエーションを複雑にして思考訓練をさせているつもりなのかもしれませんが、比較対照しながら論理的な関係を捉えるというより、「サユリさん」になったつもりで想像して、体験をシミュレーションすれば正答にたどりつくような設問です。これでは受験生に何を考えさせたいのかが明確ではありません。

†交渉と駆け引き

総体として、二つ目のモデル問題はほとんど使い物になりません。契約書が管理会社の作成したものであり、こうした文書に対して、受け手である借主はその矛盾や盲点に意識的でなければならないことを強調しているのだとすれば、例1の公共機関の文書に比べて、まだマシだとは言えます。とはいえ、このような実用的な問題文を実際の「大学入学共通テスト」で使用したとしたら、ほとんど笑いものにしかならないでしょう。少なくとも、これらの記述式問題の作成者たちは、これまでの「国語」の教材や試験問題がどのような考えのもとに生み出されてきたか、歴史も思想も考慮することなく、「実社会とのかかわりが深い文章」を材料としなければならないという与えられた課題にただひたすら応えるためだけに作問したとしか思えないのです。

モデル問題の公開ですから、のちのプレテストとは異なり、実際に高校生は受験していません。したがって、各設問の正答率や採点結果は分かりません。しかし、例1の問1から問3、例2の問1から問2は比較的平易な問題で、正答率は高くなると思われます。正答率が高くなり、受験生の得点の幅が狭くなることはその教科の能力を合否に反映させにくくすることは先に説明したとおりです。逆に例1の問4は一二〇字以内という長い文章を書かせようとしていることに加えて、条件をさまざまにつけて正答に誘導しているものの、こうした条件に対応しながら作文することに、大半の高校生は慣れていませんから、完全正答率が低くなることは明らかです。例2の問3は五〇字以内と文字量が少なめなので、例1よりは容易でしょうが、条件による作文という形式に慣れてさえしまえば、正答率が上がってしまうでしょう。いずれにせよ、一定水準以上の能力をもった受験生にとって、高くなるにせよ、低くなるにせよ得点差があまり開かないことが予想されます。つまり、「国語」の試験として能力評価（識別力）に効果がないという結果になるのです。

なぜ、こんなことになってしまったのでしょうか。ちょうど一年前の二〇一七年五月にこのモデル問題例が発表されたとき、愕然としたのを覚えています。私自身、これまでの

「国語」教育のままでいいとは思っていません。いろいろ欠点があると考えていました。入試問題はなおさらです。「センター入試」の「国語」の問題に疑問を感じたこともあります。しかし、その改善になるどころか、大幅に誤った方向に踏み出そうとしている、そのように感じました。

実社会の「言語活動」の場を想定するにしては、これらの問題は抽象的すぎます。また論理学にあるようなクリティカル・シンキング（批評的思考）を育てようというのであれば、シンプルで簡潔な問題ができるはずです。そうではなく、ここにあるのは大量の「資料」すなわち「情報」を並べて、それらの「情報」を「多面的・多角的」に精査し「構造化」するという名目です。それでいながら採点処理のために分かりやすくしていかなければなりませんから、結果的に実用的な世間知を学ばせている。「国語」という教科を担ってきた多くの中学・高校の教員にとって、彼ら自身、きちんと記述式問題を作成し、採点してきたにもかかわらず、このようなレベルの低い記述式の入学試験問題への対応を強いられることは相当に不本意なことに違いありません。もちろん、にわか作りでごまかしていくことはできます。しかし、公共機関の「補助金」を当てにしたり、「契約書」の空白をぬって相手を出し抜いたりする能力を鍛えることが、二一世紀の未来を切り開く思考力・判断力・表現力を育てることになるのでしょうか。

交渉と駆け引きは、生きて行く上で絶対に必要な能力です。その前提には相手の議論の土台をしっかりと捉え、共有できるかどうか、異なる場合は妥協点を探り、互いに譲歩していく粘り強さが欠かせません。しかし、「サユリさん」の前にいるのは、管理会社という組織で、匿名の存在になっています。本来は、「サユリさん」に電話を掛けてきたり、受付で応対したりした特定の名前のある人物がいるはずです。「契約書」を作成した人物もいるでしょう。どうして、このような「契約書」になっているのか、過去にトラブルはなかったのか、これまでその欠陥は気づかれなかったのか、気づかれなかったとしたらそれはなぜなのか。次々に湧き出てくる問いこそが重要なはずです。ところが、それらは一切、無視されます。ここでは、本来の交渉と駆け引きの能力とはべつの、もっと単純な小賢しさだけが求められているのです。

第2章 「学習指導要領」の改訂

†入学者選抜制度改革の背景

さて、記述式問題のモデルがいかに弱点だらけかはお分かりになったと思います。

こうした記述式問題を生み出した大学入学者選抜制度改革が、「教育再生実行会議」の第四次提言に基づいていることはすでにふれたとおりです。それを受けて、四年前には中央教育審議会の答申「新しい時代にふさわしい高大接続の実現に向けた高等学校教育、大学教育、大学入学者選抜の一体的改革について〜すべての若者が夢や目標を芽吹かせ、未来に花開かせるために〜」(二〇一四年一二月)がまとめられました。ここで、それまでの大学入試センター試験を廃止し、従来型の学力観とは異なる基準に立った「大学入学希望者学力評価テスト(仮称)」を導入することが提案されたのです。この案は高校における「高等学校基礎学力テスト(仮称)」の導入、大学教育における「アクティブ・ラーニング」への質的転換、「アドミッション・ポリシー」の明確化とともに高大接続改革の四点セットとして計画されました。

こうした中教審の答申の背景を理解するために、同時に進められた初等中等教育における「学習指導要領」改訂とそのポイントを押さえておきましょう。

「学習指導要領」の説明から、まず始めます。「学習指導要領」は、「学校教育法」第一条に規定する学校のうち、幼稚園、小学校、中学校、義務教育学校（いわゆる小中一貫教育校のこと、前期課程・後期課程がある）、高等学校、中等教育学校（中高一貫教育校のこと、やはり前期課程・後期課程がある）、特別支援学校（視覚障害者、聴覚障害者、知的障害者、肢体不自由者または病弱者を対象にした学校、小学部・中学部・高等部がある）などの各学校がそれぞれ教える教育内容について、各教科の目的や構成、授業時間を、「学校教育法施行規則」の規定を根拠に定めたものです。

元になる「学校教育法」は、戦後の日本国憲法の制定のもとで、「教育基本法」とともに成立した学校教育の基本制度の根幹を定めた法律です。一九四七年四月に施行されました。これまでに何度も改正が行われてきて、学校の種類や名称が現在のように時代の変化に応じたかたちになったのはつい最近のことです。たとえば「特別支援学校」という名称が登場したのは二〇〇七年になってからのことでした。

「学校教育法施行規則」は、この「学校教育法」の下位の省令で、文部省（当時）が一九四七年五月に公布したのが始まりです。「学校教育法施行規則」の下には、「学校設置基準等を定めた省令」や「卒業程度認定試験を定めた省令」などがあります。

そしてその「学校教育法施行規則」によって、幼稚園、小学校、中学校、高等学校などの各教育課程とその内容について、文部科学大臣が別に公示する基準が「学習指導要領

（幼稚園教育要領）」にあたります。したがって、これも戦後の教育政策のなかで生まれたものですが、一九四七年以降、五三年までの数年間は「学習指導要領」の拘束力はそれほど強くありませんでした。基準ですから、義務ではありません。学校ごとの裁量権がちゃんとあって、「指導要領」はあくまでも手引きでしかなかったのです。

しかし、六〇年代に入り、公立学校に対して「学習指導要領」の徹底化が求められるようになっていきます。きっかけは、米ソ冷戦下においてソ連が人工衛星スプートニク1号の打上げに成功したことからです。アメリカではソ連に負けじと科学教育の強化が叫ばれ、「教育内容の現代化運動」が開始されます。小中学校から高度な教育を実施しようという傾向が強くなり、アメリカの属国に等しい日本もまたその波にのみ込まれていきました。

†「学習指導要領」の歴史

しかし、行き過ぎたカリキュラムの「現代化」は、同時に多くの批判を生み出します。「詰め込み教育」という言葉が使われるのがこの頃です。これに対して、七〇年代にかけて学習量が増大したことを反省し、スリム化をはかる動きが出てくるのが、日本経済が全盛期を迎えた八〇年代でした。「ゆとり教育」の第一波がこのとき始まります。やがて、この動きは「知識や技能」の習得を中心とする「学力観」に対して、学習の過程や個性を重視した「思考力・対応力」を評価する考え方となって現れてきます。それが「新学力観」と呼ばれるものでした。この「新学力観」に基づいて、一九八九年に改訂された「学習指導要領」はさらに内容の削減とスリム化を行い、「社会の変化に自ら対応できる心豊かな人間の育成」を目指すことになります。

「総合的な学習の時間」の新設や「いかに社会が変化しようと、自分で課題を見つけ、自ら学び、自ら考え、主体的に判断し、行動し、よりよく問題を解決する資質や能力」、すなわち「生きる力」が決定的なキーワードとなったのが、小中学校で二〇〇二年度から実施された「学習指導要領」(高校は二〇〇三年度から実施)です。このとき学校に完全週五日制が導入されました。当時、文部科学省大臣官房審議官であった寺脇研が「指導要領」改訂の旗振りを行い、教育学者の苅谷剛彦らと学力と格差をめぐる論争を激しく展開したのを覚えている方も多いでしょう。学力低下が指摘され、「ゆとり世代」などと、この時期に中学高校を過ごした世代が揶揄されるような風潮も生まれました。

この結果、「ゆとり教育」の見直しが始まるのが二〇一一年度から小学校で実施された「学習指導要領」からでした。「生きる力」を育むことは否定せずに全面的に受け継ぐ、その上で、「基礎的な知識や技能の習得」と、「思考力・判断力・表現力の育成」という二つの目標をともに目指すとしました。減りつづけてきた授業時間数がここで増加に転じましたし、小学校に「外国語活動」という名で英語教育が導入されたり、中学校の「体育」に「武道とダンス」が取り込まれたりしました。グローバル化と新たなナショナリズムがいささかぶっきらぼうなかたちで「学習指導要領」に反映されるようになったのです。さらに「指導要領」の一部が修正され、「道徳」が小中学校で教科外から特別教科に認定されるようになりました。二〇一七年は小学校の、二〇一八年は中学校の「道徳」の教科書が検定に合格し、その教科書を使って、小学校は一八年度から、中学校は一九年度から「道徳」の授業が実際に行われることになるのです。これが「学習指導要領」の歴史です。

いま話題にしている新しい「学習指導要領」は、幼稚園から中学校までのものが二〇一七年三月に告示されました。これに基づいて幼稚園では一八年度から、小学校では二〇年度から、中学校では二一年度から新「学習指導要領」による教育が実施されます。高校については、二〇一八年三月に告示され、二二年度から実施されることになっているのです。

†改訂のポイント

今回の「学習指導要領」改訂の最大のポイントは何でしょうか。これまでの「高等学校学習指導要領」と変わらないのは、「教育基本法」を踏まえた「生きる力」の育成、「知識・技能の習得と思考力・判断力・表現力等」のバランスある育成、道徳教育や体育による「豊かな心や健やかな体の育成」といった三つの考え方です。直前の一部改正で小中学校で「道徳」が教科に認定されるという変更はあったものの、高校は変わりませんでした。

ただし、今回の「指導要領」には、それまでにない「前文」がついています。そこには「教育基本法」の第1条や第2条に掲げられた目的や目標が引用されたのち、教育課程の最終ゴールが「一人一人の生徒が、自分のよさや可能性を認識するとともに、あらゆる他者を価値のある存在として尊重し、多様な人々と協働しながら様々な社会的変化を乗り越え、豊かな人生を切り拓《ひら》き、持続可能な社会の創り手となることができるようにすること」だと説明されています。

これはなかなかに含蓄のある言葉です。少なくとも、この「指導要領」作成者たちは「自分のよさや可能性」を認識できない、自己肯定感を持つことのできない生徒たちがいることを知っています。そして「あらゆる他者を価値のある存在として尊重」することができずにいる多くの生徒や大人たちがいることを踏まえています。わざわざ「切り開き」ではなく「切り拓き」という漢字を選んだり、「作り手」ではなく「創り手」と表記してみたり、文科省はある意味で健気にこの不透明で混乱した現実に向きあおうとしています。

なかでもこの前文は「社会に開かれた教育課程の実現」という言葉を中心に置いています。「社会に開かれた」というのは、「よりよい社会を創るという理念を学校と社会とが共有」

し、「どのような資質・能力を身に付けられるようにするのか」を明確にしながら、「社会との連携及び協働によりその実現を図る」という意味合いで用いられています。この場合の「社会」とは、出来上がった既存秩序というよりも、みずからも参画し形成に関与する、私たちと地続きの「社会」という意味合いが強められています。

「社会」に協調して適応しなさいという意味ではなく、「社会」に参画して、「社会」そのものを形作る力となることを求めているのです。したがって、学校を変化する「社会」に位置づけること、そして学校教育を通じてよりよい「社会」をつくること、これが「社会に開かれた」学校教育であるという意味になります。

†主体的・対話的で深い学び

先ほど、「学習指導要領」の歴史をふりかえってみたときに、知識の詰め込みが求められた時代があったことを指摘しました。高度経済成長期は、科学技術の進展がそれまでとは比べられないほど加速し、その速度に追いついていかなければならないと考えたときでした。しかし、それから数十年、もっとダイナミックな変化が訪れました。IT社会の到来はその根幹にありますし、医学や生命科学の進歩は驚嘆すべきスピードで展開されています。高度経済成長期はそれ以前の暮らしに比べるとすさまじい変化だったでしょうが、この間、科学技術とそれに伴う社会の変化はそれを上回るスピードで進行し、もはや変化という言葉自体が意味を失うほどだと言ってもいいかもしれません。文部科学省が「学習指導要領」の解説で「予測不能」だと言わざるを得ないほど、未来は不透明で、どうなるか分からない怖さを秘めています。

技術だけではありません。阪神淡路大震災（一九九五年一月）と東日本大震災（二〇一一年三月）は、自然もまた予測不可能な巨大なエネルギーを有していて、ときとして人間社会に破壊的な暴力をもたらすことを知らしめたのです。

原子力発電についても、いったん統御不能になると、もはや黙示録的な破壊力をもち、その廃炉作業ひとつをとっても人間の時間のサイクルでは捉えきれなくなっています。一方、生命科学の進歩は人間の臓器の再生に可能性を見出だし、人工知能の開発はこれまでの職業の多くを奪うのではないかという不安をかきたてています。学校教育の場でこれらのすべてを学び、対応のしかたを教えるのは不可能です。

そこで今回の改訂においてより強調されて導入されたのが、「主体的・対話的で深い学び」という考え方でした。この言葉の前には「知識の理解の質を高め資質・能力を育む」（「高等学校学習指導要領の改訂のポイント」文科省）という修飾句が付いています。「知識」の量ではない。「知識の理解の質」であり、しかもそれを高めること、「資質・能力を育む」ことが「学び」の条件とされています。これは漠然とした「生きる力」の養成や、個性や人間力の重視といった考え方とは違います。学び方が大事なのであり、その限りにおいて方法論なのです。方法とその意義を認識すれば、さまざまな対象に出会い、さまざまな問題に直面したとしても、暗記や暗唱に頼らず、いろいろな人たちの知恵を借りて議論をする中で、対応や解決のしかたを編み出していけるのではないかというわけです。

実際の「学習指導要領」でも、「主体的に学習に取り組む態度を養い、個性を生かし多様な人々との協働を促す教育の充実に努めること」が掲げられました。そして、実現目標として示されたのが次の三つです。

(1) 知識及び技能が習得されるようにすること。
(2) 思考力、判断力、表現力等を育成すること。
(3) 学びに向かう力、人間性等を涵養《かんよう》すること。

三つの能力を獲得していくために必要とされるのが、「主体的・対話的で深い学び」です。この言葉は、「学習指導要領」の「第1章　総則　第3款　教育課程の実施と学習評価」の冒頭に出てきます。第1節は「主体的・対話的で深い学びの実現に向けた授業改善」という見出しがつけられ、「生徒が各教科・科目等の特質に応じた見方・考え方を働かせながら、知識を相互に関連付けてより深く理解したり、情報を精査して考えを形成したり、問題を見いだして解決策を考えたり、思いや考えを基に創造したりすることに向かう過程を重視した学習の充実」を目指すことが強調されています。それまでは中教審答申でも「アクティブ・ラーニング」という言葉が使われていましたが、聞き慣れなかったこの外来語は「学習指導要領」の原文では使われませんでした。その代わりになったのが「主体的・対話的で深い学び」なのです。

カリキュラム・マネジメント

もう一つ、注意しておきたいことが「カリキュラム・マネジメント」という概念の導入です。今回の「学習指導要領」では、「現代的な諸課題に対応して求められる資質・能力」の育成が求められています。しかし、それは簡単なことではない。したがって「教科等横断的な視点」もときに必要になるだろうと言っているのです。加えて、「主体的・対話的で深い学び」は一つの教科の授業時間のなかで習得できるものではない。そのため「単元など数コマ程度の授業のまとまりの中で、習得・活用・探究のバランスを工夫する」(「高等学校学習指導要領の改訂のポイント」)ことや、「学校全体として、教育内容や時間の適切な配分、必要な人的・物的体制の確保、実施状況に基づく改善などを通して、教育課程に基づく教育活動の質を向上させ、学習の効果の最大化を図る」（同上）ことを推奨しています。その総体が「カリキュラム・マネジメント」という言葉に込められているのです。

これは面白い発想だと言えます。学校に対して、「指導要領」で各教科の授業内容や時間数をいろいろ制約する一方で、学校ごとの裁量を大きくしようとしているからです。学校はその置かれた条件、環境、公立か私立か、生徒や保護者の期待、進学上の位置づけなどによってさまざまに条件が異なります。この学校はどのような理念や目標を掲げ、どのような期待を負っているかを考慮しながら、カリキュラムを弾力的に運用することができたら、大きく変わる可能性があります。もちろん、裁量に委ねることは悪化するリスクもありますが、高い成果を生み出すこともありうる。後者の可能性を伸ばそうというのが「カリキュラム・マネジメント」の発想です。

†改革の実効性をあげる

このように「学習指導要領」の改訂は一部に魅力的な内容を含んでいるのですが、他方で改訂を実効性あるものとするための改革が連動して用意されました。それが以下の二つです。

(1) 学校内部の閉じた実践ではなく、学校外部の物差しを導入する。
(2) 大学入学に向けた選抜制度を変更する。

(1)は、最終的に「高校生のための学びの基礎診断」という名称になった、民間事業者が実施し、文科省が認定する試験等の仕組みのことです。中教審答申では「高等学校基礎学力テスト（仮称）」とされていたものです。その基本となる考え方を引用すると、次のようになっています（「高校生のための学びの基礎診断」実施方針）。

高等学校教育の質の確保・向上のため、高校生の基礎学力の定着に向けたＰＤＣＡサイクル構築に向けた施策として、文部科学省において一定の要件に即して民間の試験等を認定するスキームを創設し、基礎学力の定着度合いについて公的な質保証がなされた多様な測定ツールの開発を促し、高等学校における活用を通じて、指導の工夫・充実、ＰＤＣＡサイクルの取組を促進することとする。

一つのセンテンスが長すぎるし、同じような言葉を重複して使っていますから、まず自分が診断を受けた方がいいような悪文です。分かりやすく分解してみましょう。

まず目的は「高等学校教育の質の確保・向上」だそうです。それは分かった。次に「高校生の基礎学力の定着に向けたPDCAサイクル構築に向けた施策」として導入したのがこのプランだそうです。具体的には「文部科学省において一定の要件に即して民間の試験等を認定するスキームを創設」することがまずある。そして「基礎学力の定着度合いについて公的な質保証がなされた多様な測定ツールの開発」を目指します。高校がこうしたスキームやツールを活用することで、「指導の工夫・充実、PDCAサイクルの取組」が促進されるのだそうです。

このところ教育界の流行語が「PDCAサイクル」です。もともと工場生産における生産管理・品質管理をスムーズに進める手法として言われた言葉で、「Plan（計画）→Do（実行）→Check（評価）→Act（改善）」の四つの段階を循環させることで、らせん状に質の向上をはかるという意味です。

教育を工場生産と同一視するのかと、今さら目くじらを立ててもしかたありません。べつに工場生産でなくても、「計画→実行→評価→改善」というのは、人でも組織でも、持続的に事業を発展させていこうと思うのであれば、つねに念頭に置くサイクルだからです。

ただ、こうした工学的な用語を強調することで、節目節目をはっきりとさせ、目に見える形で確認をしていきたい、そういう願望が表れています。教育は人間を対象にしています。人間の品質は単純に数値化して見ることができません。しかし、数値化しないと安心できない。だから、国家としての教育政策を進める中央官庁としては、そのCheckをする機関を学外の認定した民間事業者等による試験で行おうというのです。

†「学びの基礎診断」と「共通テスト」

「カリキュラム・マネジメント」は学校の裁量を大きくすることを意味しました。その一方で「高校生のための学びの基礎診断」ではどのような教育がなされたか、その質をはかるために外部試験を導入するというわけです。教科は国語、数学または英語の二ないし三教科を中心とすることが定められ、この二〇一八年度中には認定制度の運用を開始するそうです。つまり、民間事業者が文科省に申請し、認定されれば、基礎診断テスト実施業者として名乗りをあげることができる。複数の業者が認定されるでしょうから、学校側はそのなかのどれを選ぶかを決め、「高等学校段階における生徒の基礎学力の定着度合いを測定する」(「高校生のための学びの基礎診断」の認定基準・手続等に関する規程)ために活用する。それによって試験は「生徒自身の学習改善や教師による指導の工夫・充実、学校における成績評価の材料の一つ」(同前)となるのです。もちろん、文科省は注意深く、このテストの結果をそのまま「成績評価」とすることは留保していますが、「材料の一つ」には当然なるわけですし、大学への進学の目安となることは言うまでもありません。そのように方向付けているのです。

これまでも「学習指導要領」の改訂は行われてきました。しかし、それが成果に結びつかなかった、と文科省は考えているようです。それは学校が「閉じた実践」に過ぎなかったからである、学校内部のお手盛りで採点し、学校間の教育内容の差異や質の違いが顧慮されることなく、その学校のなかだけで評価されている、それでは信用できない、ということでしょう。ここでいう「民間の試験等」というのは、予備校や教育関連企業が実施する試験のことです。他にそうそう申請できる組織や団体があるとは思えません。したがって、彼らが運営している模擬試験や語学検定試験などを作り替えて、その基準をもとに「基礎学力」の程度を測定するということになるのです。

かつて中学校では「業者テスト」によって進路指導が行われていた時期がありました。高校進学の参考にするためという名目で、全国の中学校で民間業者によるテストが有料で行われ、その結果がいわゆる「偏差値」となったのです。「偏差値」という言葉が定着したのは、「業者テスト」によるものでした。この「偏差値」によって教育が輪切りにされてしまうこと、テストの結果によって機械的な進路指導が行われることなど、さまざまな弊害が指摘され、一九九三年、文部省は文部事務次官の名前で一斉に全国の高校に「業者テスト」の偏差値を用いない入学者選抜」の徹底を通達し、中学校の「業者テスト」への関与を禁止させました。四半世紀前の出来事です。こうした体験をへてきたわけですが、しかし、また「学校外部の物差し」が必要だと言いだしたのです。この再導入が前のことのくりかえしになってしまうかどうか、それはしっかり見守る必要があります。

そして同時に、大きな改革としてもうひとつの旗印になったのが、高校の出口に待ち構える難関である「大学入学者選抜制度」の変更でした。「指導要領」の改訂だけでは、実効性に期待が持てない。名前だけ、形式だけの改訂ならば意味がない。教育内容・方法の変更を実質的なものにするためには、次の高等教育機関である大学入学の選抜方法に改訂の骨子を取り込まなければならない。改訂「指導要領」を生かした教育を受けた高校生が、大学入学の選択肢をふやすことができる入試が実施されれば「指導要領」の改訂は真に生きたものになる、それが文科省の意図するところでした。こうして新「学習指導要領」との緊密な関連性をもった「大学入学共通テスト」への道が敷かれることになったのです。

†情報を多面的・多角的に精査し構造化する力

先ほどもふれた、「生きる力」の獲得に向けて欠かせない「資質・能力の三つの柱」は、

「知識・技能の習得」「思考力・判断力・表現力等の育成」「学びに向かう力と人間性の涵養」でした。このうち「知識・技能の習得」は、分かるとして、「思考力・判断力・表現力等の育成」はどう定義されているのでしょうか。

今回の「学習指導要領」改訂の骨子をまとめる過程で、さまざまな会議が用意され、議論が積み重ねられました。その中心にあるのは、文部科学大臣による諮問機関である中央教育審議会です。とりわけ第七期の中央教育審議会では元慶應義塾長で、独立行政法人日本学術振興会理事長の安西祐一郎が会長をつとめ、さまざまな答申をまとめる役割を果たしました。

この会議の部会の記録をつぶさに追いかけていくと、いろいろなことが見えてきます。二〇一六年一二月二一日に「幼稚園、小学校、中学校、高等学校及び特別支援学校の学習指導要領等の改善及び必要な方策等について(答申)」が提出され、ほぼここで「指導要領」の改訂案が固まりました。答申には、いくつか別紙がついています。その別紙資料には「各教科等の特質に応じた見方・考え方のイメージ」を初め、いくつかの参考データやイメージがつけられているのですが、そのなかに「言語能力を構成する資質・能力」というくだりがありました。ここで「知識・技能」「思考力・判断力・表現力等」「学びに向かう力・人間性等」の三つの力をあげた上で、「思考力・判断力・表現力等」についてこう書かれているところがありました。

テクスト（情報）を理解したり、文章や発話により表現したりするための力として、情報を多面的・多角的に精査し構造化する力、言葉によって感じたり想像したりする力、感情や想像を言葉にする力、言葉を通じて伝え合う力、構成・表現形式を評価する力、考えを形成し深める力が挙げられる。

「言葉によって感じたり想像したりする力」は、聞く力・読む力と結びついて理解力や想像力につながります。「感情や想像を言葉にする力」や「言葉を通じて伝え合う力」は、表現力や対話力と言いかえることができます。「構成・表現形式を評価する力」は、メッセージの内容だけでなく、表現それ自体に目を向け、その質を見抜く力ですから、読解力であるとともに鑑賞力でもあります。「考えを形成し深める力」は、いかにも苦しげに最後に置かれていますが、感覚や感情に依存するだけでなく一定の思考となって論理形成をする力を指しているのでしょう。気になるのは、冒頭に置かれた「情報を多面的・多角的に精査し構造化する力」という言葉です。「情報」という言葉がわざわざここに取り込まれ、「多面的・多角的に」という強調付きで、「精査」と「構造化」という言葉が並べられています。今回の改訂で、とりわけ前面に押し出されているのがこの部分なのです。

†テクスト＝情報？

ここには「テクスト」という言葉が使われていることにも注意しておきましょう。この「テクスト」には注が付いています。別紙資料のあとについているその注記には「本審議のまとめにおいては、文章、及び、文章になっていない断片的な言葉、言葉が含まれる図表などの文章以外の情報も含めて『テクスト（情報）』と記載する。」と書いてありました。

さらに、別紙資料「言語能力を構成する資質・能力が働く過程」では、「言語能力を構成する資質・能力は、①テクスト（情報）を理解するための力が『認識から思考へ』という過程の中で、②文章や発話により表現するための力が『思考から表現へ』という過程の中で働いている」と説明した上で、この二つの力について以下のように定義しています。

ア）テクスト（情報）を理解するための力

・テクスト（情報）の構造と内容を把握し、精査・解釈し、考えを形成する力である。

・「構造と内容の把握」、「精査・解釈」、「考えの形成」のそれぞれの段階において、「知識・技能」や「思考力・判断力・表現力等」に整理された資質・能力が働いている。

特に、既有知識・経験によってテクストにない内容を補足・精緻化するなどして推論することや、共通―相違、原因―結果、具体―抽象等の情報と情報の関係性（論理）を吟味・構築すること、妥当性、信頼性等を吟味することなど、情報を多面的・多角的に精査し構造化する力は、テクストの意味を、字句通りというだけでなく理解するために重要な能力である。

イ）文章や発話により表現するための力
・表現するテーマ・内容、構成・表現形式を検討しながら、考えを形成・深化させ、文章や発話によって表現する力である。
・「テーマ・内容の検討」、「構成・表現形式の検討」、「考えの形成・深化」、「表現」のそれぞれの段階において、「知識・技能」や「思考力・判断力・表現力等」に整理された資質・能力が働いている。
・特に、表現した後、又は、表現しながら、考えを形成・深化させ、より良い表現にするために、文章を推敲したり、発話を調整したりする力が重要である。

「情報を多面的・多角的に精査し構造化する力」がキーワードであることはここからもうかがえるでしょう。それをもとに「考えを形成し深める力」と接続し、「より良い表現」へつなげていこうというのです。

ねじ曲げられたテクスト

びっくりするのは、ここで「テクスト」という言葉が政府の公文書のなかに登場したことです。最終的に「学習指導要領」の本文からは消えましたが、文学研究にくわしい人ならば、この言葉を聞けば、ロラン・バルトの『物語の構造分析』(花輪光訳、みすず書房、一九七九年一一月、日本で編集された批評集)を思い出すに違いありません。そこに収められた「作者の死」(原著は一九六八年)あるいは「作品からテクストへ」(同じく一九七一年)といった評論は、「テクスト」という概念を提示して、世界の文学研究において大きな影響を与えました。

あらためてバルトの「テクスト」という概念を定義すれば、次のような一節を参考にできるでしょう。「テクストとは無数にある文化の中心からやって来た引用の織物である」(「作者の死」)。つまり、「テクスト」は無数の経糸、緯糸で織り上げられた〝Texture〟、織物のようなものであるというわけです。それまで「作者」が書いたという意味合いを込めて「作品」という言葉が使われていましたが、「作品」は「作者」の表現の結果としてあることを前提にしていました。しかし、「作者」がすべての言葉の製造責任者ではありません。高級な言葉から通俗的な言葉まで、それぞれに歴史や文化を背負ったさまざまな言葉を選び、組み合わせることで「作者」は「テクスト」を織り上げる。その糸は「作者」をはるかに超えた「無数にある文化」の中心あるいは辺境からやって来たものなのです。したがって「作者」は自ら「作品」の意味を保証するような中心的・優先的な立場ではなくなります。そうなると、「テクスト」から「作者」のメッセージを単純に読み取るだけでは十分ではありません。むしろ、読者がその織物を前に織り上げられた紋様からさまざまな意味を見出だし、産み出していくことになるのです。これがバルトの言う「テクスト」概念の基本です。

一方、この公式文書は「テクスト」はすなわち「情報」だと言っています。もし、「情報」という言葉が情報工学に由来するシンプルな意味だとすれば、「テクスト」という言葉には合いません。この公式文書はバルトの「テクスト」という概念を無視しているか、意図的に曲解しているか、どちらかということになるでしょう。他方、「多面的・多角的に精査し構造化する」という言葉があります。発信者のメッセージをくみ取りましょうとは書いていないのです。「情報を多面的・多角的に精査し構造化する力」は、「テクストの意味」を、「字句通りというだけでなく理解する」のに重要な能力であるとも書かれています。そこには「既有知識・経験によってテクストにない内容を補足・精緻化するなどして推論する」という一節もあり、必ずしも「情報」の伝達と解読という単純な議論にしているわけでもないのです。

しかし、「情報」という言葉を選んだことによって、複数の意味が単一化される危険性を残しています。「考えを形成・深化させ、文章や発話によって表現する力」を育てるというとき、これまでの「指導要領」がコミュニケーション能力や対話ということを強調していただけに、情報工学的な「情報」へと針が振れてしまいます。どうやら、この文書（テクスト）はその意味内容において揺れを抱えていると言うしかありません。「情報」という単一の意味を想定させる言葉を用いながら、その「情報」が複数の意味を含んでいたり、決定できない不透明さを抱えていたりする場合をも組み込もうとしています。

この曖昧さが、逆に新「学習指導要領」の改訂プランの問題点であり、突っ込みどころでもあります。おそらく、この書き手は八〇年代以降の「テクスト」論の流れを踏まえ、それを取り込もうとしながら、既存の情報工学的な文脈にも引きずられてしまっているのです。結果的には、公表された正式な「学習指導要領」からは「テクスト」という言葉はすっかり消え去っていました。しかし、揺れはすべて解消されたのでしょうか。そうとは思えません。

その痕跡は「問題文」や、「図表」「写真」といった言い方をやめて「資料」という奇妙な言葉を導入したことにも現れているように思います。「資料」とは「テクスト」の代わりに持ち込まれた用語なのではないでしょうか。同時にそれは「情報」であるとされ、どこかに意味を隠しもっている。それを探せというわけです。「情報」という言葉は遡れば軍事用語に由来しますが、「情報を多面的・多角的に精査し構造化する力」を優先的に扱う姿勢には戦争ゲームの攻略法と同じような匂いが感じられます。それは「テクスト」という言葉の持つ豊かさや広がりとはまったくかけ離れた別なものではないでしょうか。

†「国語」の科目再編

この「学習指導要領」改訂は、授業科目の組み方を変えています。高等学校の教科「国語」の科目編成も大きく変わることになりました。

現行では、共通必履修科目として設定されているのが「国語総合」四単位です。一般的に高等学校の一年生が必修としています。学校によっては二年まで使う選択肢もあります。それを終えた上での選択科目が五つあります。「国語表現」三単位、「現代文A」二単位、「現代文B」四単位、「古典A」二単位、「古典B」四単位です。「現代文」や「古典」でA

とかＢとかありますが、Ａはどちらも二単位とあるように、時間数も少なく、読み味わうことを中心とする内容で、Ｂと比較すれば多くは易しめの内容となります。これをもとに高等学校の教育目標や期待されている位置によって、科目を選択するわけです。

たとえば、「国語総合」を高等学校の一年生から二年生にかけて使い、二・三年生は「国語表現」だけにしようということもできなくはありません。「現代文」も「古典」も学ばないということになるので、この高等学校は大学への進学よりも、そのまま社会に出て働く高校生を前提にカリキュラム編成をしているということになります。

進学校の高等学校であれば、一年で「国語総合」を学習し、二年では「現代文Ｂ」をまず選び、文系コースか理系コースかによって、「古典Ｂ」とするか、「古典Ａ」か、あるいは「古典」はどちらもやめて、「現代文Ｂ」のみとするか、といったを選択します。

これまではそのような科目編成でした。しかし、新たな「学習指導要領」では、そうした科目名も変更になります。

必修：「現代の国語」二単位／「言語文化」二単位
選択：「論理国語」四単位／「文学国語」四単位／「国語表現」四単位
「古典探究」四単位
＊一単位＝三五単位時間

指定されているのは、こういう科目名です。少なくとも高校一年生で履修する「国語総合」は、「現代の国語」と「言語文化」という二つの科目になっています。さらに高校二年以降、文系・理系の進学希望の選択によって組み合せが変わったはずの「現代文A」「現代文B」と「古典A」「古典B」は、「論理国語」「文学国語」「古典探究」に変わり、標準単位数は変更となりましたが、「国語表現」のみがそのまま残ることになったのです。

選択科目が変更されることで、組み合せは複雑なことになりました。単位数は授業時間と関わるので、これまでは進学校では「現代文B」四単位、「古典B」四単位をとるという選択が一般的でしたが、「現代文B」四単位だけにして「国語表現」三単位のうちの二単位分だけ履修するといった理系コースの選択も不可能ではありませんでした。しかし、今度は「論理国語」四単位は欠かせないだろうけれど、あとを「文学国語」にするか「古典探究」にするか迷うでしょうし、文系希望のコース設定とすれば、「論理国語」「文学国語」「古典探究」の三科目はどれも落とせないと躊躇することになるでしょう。まず、学校毎にどのような科目選択を考えるか迷いますし、生徒たちはもっとそうなるはずです。

†「現代の国語」

こうした抜本的な改訂だからでしょうか、総体として、今回の新「学習指導要領」は分量も増え、具体的な指示も細かくなっています。単純に比較するだけでも、前の「指導要領」は一ページ、一行四四字詰めで四八行の書式で印刷され、「国語」教科で七ページの分量でした。それが新「指導要領」になると、一行三六字詰めで三五行というゆったりした組み方とはいえ、二三ページにまで及んでいます。ざっと一万四千字で示されていたものが、二万八千字に倍増しているのです。では、それぞれの科目はどういう内容なのでしょうか。

「現代の国語」の目標は次のようになっています。

言葉による見方・考え方を働かせ、言語活動を通して、国語で的確に理解し効果的に表現する資質・能力を次のとおり育成することを目指す。

(1) 実社会に必要な国語の知識や技能を身に付けるようにする。

(2) 論理的に考える力や深く共感したり豊かに想像したりする力を伸ばし、他者との関わりの中で伝え合う力を高め、自分の思いや考えを広げたり深めたりすることができるようにする。

(3) 言語がもつ価値への認識を深めるとともに、生涯にわたって読書に親しみ自己を向上させ、我が国の言語文化の担い手としての自覚をもち、言葉を通して他者や社会に関わろうとする態度を養う。

「高等学校国語科の改訂の方向性」（素案）では、「実社会・実生活に生きて働く国語の能力を育成する科目」とされ、「実社会・実生活における言語による諸活動に必要な国語の能力（根拠に基づいて論述したり議論したりするために必要な能力、また、それらの能力の育成に必要となる、多様な資料等を収集して解釈する能力等）」となっていました。

その教育内容としては、「知識及び技能」では常用漢字や語彙の習得とともに、「文、話、文章の効果的な組立て方や接続の仕方」、「比喩、例示、言い換えなどの修辞や、直接的な述べ方や婉曲的な述べ方」などを理解し、身につけるとあります。さらに「話や文章に含まれている情報の扱い方」について、「主張と論拠など情報と情報との関係」を理解することや、「個別の情報と一般化された情報との関係」、「推論の仕方」、「情報の妥当性や信頼性の吟味」、「引用の仕方や出典の示し方」など、それまでにない実に細かい項目が立てられ、これらを学ぶようにと指示されています。

「思考力、判断力、表現力等」の学習については、「A　話すこと・聞くこと」「B　書くこと」「C　読むこと」と三節に分かれています。具体的な学習内容ではそれぞれ「目的や場に応じて、実社会の中から適切な話題を決め、様々な観点から情報を収集、整理」することであったり、「論理の展開を予想しながら聞き、話の内容や構成、論理の展開、表現の仕方を評価」することや、それに対応するように自らの考えをまとめ、表現し、相手の理解を得られるように構成したり、文体や修辞をどのように生かすかに考慮することを掲げています。しかし、文学に属するテクストやフィクションの文章はここに盛り込むことはできません。

授業の配分が「内容の取扱い」に示されていますが、それによれば「A　話すこと・聞くこと」は二〇～三〇単位時間程度、「B　書くこと」すなわち表現については三〇～四〇単位時間程度、「C　読むこと」については一〇～二〇単位時間程度となっていました。バランスから言えば、前の「国語総合」に比べると、「A　話すこと・聞くこと」が一五～二五単位時間程度からぐっと増加し、「B　書くこと」は同じ、「C　読むこと」について前回は時間指定なしということでしたから、「読むこと」よりも「話すこと・聞くこと」を重視していることが分かります。そして、この三つの活動すべてを通して、「情報を多面的・多角的に精査し構造化する力」が前に押し出されていました。

†「言語文化」

「言語文化」はどうでしょうか。「目標」を見てみましょう。

言葉による見方・考え方を働かせ、言語活動を通して、国語で的確に理解し効果的に表現する資質・能力を次のとおり育成することを目指す。

(1) 生涯にわたる社会生活に必要な国語の知識や技能を身に付けるとともに、我が国の言語文化に対する理解を深めることができるようにする。

(2) 論理的に考える力や深く共感したり豊かに想像したりする力を伸ばし、他者との関わりの中で伝え合う力を高め、自分の思いや考えを広げたり深めたりすることができるようにする。

(3) 言葉がもつ価値への認識を深めるとともに、生涯にわたって読書に親しみ自己を向上させ、我が国の言語文化の担い手としての自覚をもち、言葉を通して他者や社会に関わろうとする態度を養う。

あきれることに、「現代の国語」とほとんど変わっていません。前文も(2)も(3)も同じです。こういうところが「学習指導要領」の無味乾燥なところです。違うのは(1)のみです。「生涯にわたる社会生活に必要な国語の知識や技能を身に付けるとともに、我が国の言語文化に対する理解を深める」というくだりが、「現代の国語」と「言語文化」を分ける指標となるのですが、「国語の知識や技能」というのは「現代の国語」の目標の(1)でもあったわけですから、「我が国の言語文化に対する理解」というのが「言語文化」の眼目となります。ただし、どちらにも同じ(3)に「我が国の言語文化の担い手としての自覚」が掲げられているので、「理解」くらいしか差異がありません。深みのない目標で、分けた理由がここではまったく分かりません。

「高等学校国語科の改訂の方向性（素案）」（二〇一六年三月）など、文科省が公開しているべつの解説などでは、「上代（万葉集の歌が詠まれた時代）から近現代につながる我が国の言語文化への理解・関心を深める科目」とされ、「言語の文化的側面（我が国の歴史の中で創造され、上代から近現代まで継承されてきた文化的に高い価値をもつ言語そのもの）への理解・関心を深め、これを継承していく一員として、自身の言語による諸活動に生かす能力」となっています。

「内容」の「知識及び技能」では、言葉に「文化の継承、発展、創造を支える働き」があることを認識させることや、特徴的な語句などの「文化的背景」への理解、「本歌取りや見立てなどの我が国の言語文化に特徴的な表現の技法とその効果」を知ることが掲げられています。「古典の世界に親しむ」ことがこの科目では求められ、「古典の言葉と現代の言葉とのつながり」や「言文一致体や和漢混交文など歴史的な文体の変化」の確認が促されています。

「思考力、判断力、表現力等」の「B　読むこと」をめぐる箇所では、一般的な古典文学の作品を読み、批評することの他に、「我が国の伝統や文化について書かれた解説や評論、随筆などを読み、我が国の言語文化について論述したり発表したりする」ことや、「異なる時代に成立した随筆や小説、物語などを読み比べ、それらを比較して論じたり批評したりする」こと、「和歌や俳句などを読み、書き換えたり外国語に訳したりすることなどを通して互いの解釈の違いについて話し合ったり、テーマを立ててまとめたりする」ことが例にあげられています。

こうしてみると、「言語文化」は古典に軸を置いていることが分かります。時間でいうと、「A　書くこと」に関する指導は五〜一〇単位時間程度、「B　読むこと」は古典に関する指導が四〇〜四五単位時間程度、近代以降の文章に関する指導が二〇単位時間程度となっています。教材でも「B　読むこと」の領域では「古典及び近代以降の文章」と指定され、「日本漢文、近代以降の文語文や漢詩文」を含めています。

†「国語総合」との違い

「国語総合」の教科書では、現代文編と古典編に分かれて一定の教材が集められていましたが、この「言語文化」では「上代（万葉集の歌が詠まれた時代）から近現代」までがひとつながりの連続性のうちに捉えられていて、近代の文章も伝統文化のなかに含まれています。しかし、「現代の国語」では「読むこと」の時間数が少なくなっていましたから、実はこれまで教科書に収録してきたきちんとした評論やエッセイを読むことよりも、「話や文章に含まれている情報の扱い方」に主眼が置かれているのが分かります。つまり、小説や詩歌を読むのは「言語文化」で扱い、「現代の国語」では、評論を読むにしても、議論や小論文を扱うことを中心にしようというのです。従来の「国語総合」にあたる学習内容は「言語文化」の方に寄せ、しかも古典分野を多くし、近現代分野を減らしていく。とはいえ、その古典はあくまでも現代とのつながりを重視し、古典嫌いにならないようにするわけですから、いきおい平易なものが多くなると思われます。

評論やエッセイの優れた文章を減らして、「情報の扱い方」や「推論の仕方」を中心に学ぶというのは果たして成功するのでしょうか。もし、それが先の記述式問題のモデルのような内容だとすれば、それは本来の目標である「情報を多面的・多角的に精査し構造化する力」の習得からもはるかに遠く、幼稚で単純な論理展開だけを身につけることになるのではないでしょうか。「指導要領」の推進するような科目編成では危うい結果が待ち構えているように思えてなりません。

†「論理国語」

「現代の国語」と「言語文化」が主に高校一年生を対象とする必修科目ですから、「大学入学共通テスト」もおそらくはこの二科目を出題の範囲とすることになるのでしょう。このあとの科目群は選択ですから、さまざまな選択のバリエーションが予測されますが、ではこの「指導要領」改訂の根本に関わる「論理国語」と「文学国語」について、特にじっくり説明しておきましょう。

「論理国語」は、主として「論理的、批判的に考える力を伸ばすとともに、創造的に考える力を養い、他者との関わりの中で伝え合う力を高め、自分の思いや考えを広げたり深めたりすることができるようにする」力を養うものとされていて、いくつかのキーワードが重なっていることからも「現代の国語」との連続性が見て取れます。書くことや読むことの両面において、「情報の妥当性や信頼性」の吟味や「主張を支える根拠や結論を導く論拠」の批判的な検討が求められ、「多面的・多角的な視点」から文章を読む、あるいは書くことの必要が説かれています。

書くことをめぐる指導は五〇〜六〇単位時間程度、読むことをめぐる指導は八〇〜九〇単位時間程度と指定され、読み解くだけでなく、それらを読んだ上で書くことの指導が従来よりもぐっと比重を増していることが分かります。なかでも「読むこと」の教材としては「近代以降の論理的な文章及び現代の社会生活に必要とされる実用的な文章」を中心とし、「必要に応じて翻訳の文章や古典における論理的な文章などを用いることができる」となっています。

「近代以降の論理的な文章」については、別な場所で「社会的な話題について書かれた論説文やその関連資料」があげられていたり、「学術的な学習の基礎に関する事柄について書かれた短い論文」があげられたりしています。これまで「国語」の教科書には、多くの評論やエッセイが掲載されていました。これらがその「論説文」や「短い論文」に該当することになります。

さらに加えて、「同じ事柄について異なる論点をもつ複数の文章を読み比べ」ることが例にあげられ、「それらを比較して論じたり批評したりする活動」が指導内容となっています。こうした教材はこれまでの「国語」教科書には載っていません。実際に「同じ事柄」を多面的に捉えた、教科書にふさわしい文章を複数、集めることができるかどうか、今のところ、それは何とも言えません。では、教科書の編集委員たちが自分たちで執筆して作成するのかどうか。先ほどの記述式のモデル問題では、作成者たちが複数の「資料」を作成していましたが、その結果は模範、お手本とは言いがたい、惨憺たるものでした。

「情報を多面的・多角的に精査し構造化する力」がこの教科の重要な柱であり、眼目となるのですが、果たして羊頭狗肉とならず、優れた教科書を作ることができるかどうか、各出版社が厳しく問われることになりそうです。しかし、この「論理国語」は選択科目です。来たるべき「大学入学共通テスト」がどのような出題範囲を指定するのか、まだ確定していませんが、これまでの「センター試験」と同じようにするのであれば、「現代の国語」と「言語文化」までとなるでしょう。「論理国語」を初めとする四つの選択科目は外れます。しかし、それでは多くの優れた評論やエッセイを読むことなく、「情報の扱い方」と「推論の仕方」ばかりを習った受験生を対象にすることになります。

これまでの「センター試験」も、考えてみれば「国語総合」を出題範囲としてはいるものの、かなり高度な評論やエッセイ、小説から出題されていました。しかし、それは「国語総合」で多くの評論やエッセイ、小説などが学習されていたから、多少、内容が高度だとしても、許容されてきたのです。今回の「指導要領」に基づいて、厳格に「現代の国語」「言語文化」の内容に即して出題するとすれば、問題文は相当に限定され、記述式問題モデルと大差のない問題が試験の過半を占めるということになりかねません。

「論理国語」という科目の立て方を悪いとは思いません。この科目できちんと評論やエッセイを読み解き、多面的・多角的な観点から問題を吟味し、批判的な検討を加えて、自分の意見を適切な構成のもとに説得力あるかたちで書くことができるようにすることは、これまでの「国語」という教科が目指していたことをさらに強めることになります。しかし、編成と位置づけには疑問が残ります。「カリキュラム・マネジメント」でその運用に裁量の余地を残すのか。あるいは「指導要領」が従来に増して細かく指定してきたことに応じて、規制と束縛を強めるのか。その選択によって、国語教育は大きく分かれていくように思います。

†「文学国語」

では、もう一方の「文学国語」はどのように設定されているでしょうか。こちらは「言語文化」の目標をレベルアップするかたちになっています。科目名にあるとおり、「文学的な文章」を書き、読むことを課題としています。べつなところの解説では「小説、随筆、詩歌、脚本等に描かれた人物の心情や情景等を読み味わい、表現の仕方等を評価するとともに、それらの創作に関わる能力を育成する科目」と紹介されていて、実は意外にも創作に力を入れていることが分かります。

実際に「指導要領」でも、「思考力、判断力、表現力等」の「書くこと」の項目で、「文学的な文章」の表現が目指されていて、「文章の構成や展開」、「文体の特徴や修辞の働き」、

「読み手を引き付ける独創的な文章」にするための工夫が立項されています。これらを学ぶために「小説や詩歌など」の創作と批評、表現の「技法」の分析、古典を題材とした「翻案」創作、グループによる集団の「作品制作」などが例示されているのです。

「読むこと」の項目では、文章の種類に応じて「内容や構成、展開、描写の仕方」などを的確に捉えること、「語り手の視点や場面の設定の仕方、表現の特色」、「文体の特徴や効果」などの評価や考察、他の文章との比較検討から「解釈の多様性」などを踏まえることがあげられています。この指導のために作品の「書評」を書いてみたり、「作品の内容や形式に対する評価について、評論や解説を参考にしながら、論述したり討論したり」、小説を別な形式に「書き換える」ことや、その反対に「演劇や映画の作品」とその原作との対比、「アンソロジー」の編集などの活動があがっています。このうち「書くこと」に関する指導は三〇～四〇単位時間程度、「読むこと」に関する指導は一〇〇～一一〇単位時間程度と指示されています。予想外に「文学国語」はしっかりと「読むこと」について時間をとっているのが分かります。

また、教材としては、「近代以降の文学的な文章」とし、必要に応じて「翻訳の文章、古典における文学的な文章、近代以降の文語文、演劇や映画の作品及び文学などについての評論文」を用いることができるとなっています。

しかし、「論理国語」と「文学国語」はともに四単位ずつですから、「現代文B」に該当する科目が倍増したことになります。これに加えて「古典探究」の四単位が設定されているのです。

†「古典」を探究する？

これまで「国語総合」という科目は、「現代文」と「古典」というように時代の異なる教材から成り立っていました。そして、前の「学習指導要領」では「国語総合」について「古典を教材とした授業時数と近代以降の文章を教材とした授業時数との割合は、おおむね同等とする」ことが明記されていたのです。

ところが今回、古典の位置づけはどうなったでしょうか。「現代の国語」では古典教材はほとんどありません。一方、「言語文化」は「上代から近現代まで継承されてきた」文化を対象にしています。一回り小さなフィールドで、古典と近現代の教材がページ数を争うことになったのです。

新「指導要領」公示以前の解説では、「言語文化」の古典領域について「文法嫌いが生む古典嫌いの問題を解決するためには、文語のきまりや訓読のきまりなどに歯止めをかけ、文法中心の科目にならないよう、示し方に注意が必要である」とコメントされていました。

そもそも古典が生徒たちの関心の外にあることが前提とされ、どのように興味をもたせるかに力を注ぐべきだという指示が出ていました。

「古典探究」はこれまでの「古典A」と「古典B」が一つになり、「探究」という言葉も付いて、強調され、ランクアップしたかのように見えます。四単位という設定に伝統文化を重視するという姿勢を見せようという狙いが見て取れます。しかし、現実にそうなるでしょうか。独立して切り離し、単位数もしっかり与えて尊重しているようだけれども、結果は違うのではないでしょうか。

先にもふれたように、「論理国語」と「文学国語」はともに四単位となりました。これまで「現代文B」と「古典B」を選択してきた学校は、その科目のあとに「論理国語」を必ず選び、もう一つを「文学国語」か「古典探究」にするでしょう。前者を選べば現行の「古典B」はまるまる消えてしまう。文系コースの高校生に対しては「文学国語」にするか、「古典探究」にするか悩ましいところです。理系コースでは「古典探究」を選ぶことは少ないでしょう。「論理国語」をやめて、「文学国語」と「古典探究」を選べるコースを置く、その冒険心と余裕のある高校が全国でどれくらいあるでしょうか。実は「文学国語」「古典探究」という科目は、一見、文学や古典を大事にしているように見せながら、かえってかなりリスキーな設定なのです。これらの科目は文学創作を重視したり、「生涯にわたって古典に親しむことを目標に掲げていますが、選択率が下がれば自然に存在感はなくなっていく。そうした方向に進むことをとどめようとはしていません。市場原理による競争で淘汰されるのを待つだけのことになりそうです。

しかし、「大学入学共通テスト」では依然として小説や古典からの出題があります。保守的な伝統主義の立場の人たちからすれば、日本文化のなかでも古典文学は重要なアイテムです。しかし、「言語文化」では近代前期をもはや古典の領域に送り込む一方、「古典探究」という科目を独立させることで、伝統文化を重視しているようにみせながら、競争原理による衰退を促す。もし、そうだとすれば、これはかなりの悪だくみです。

少なくとも、必修科目においては「現代の国語」でまさに「現代の」評論やエッセイも多く収録し、「言語文化」で古典の教材を多く収めながら、現在につながる道筋を用意するというのが、本来的なあり方です。しかし、それでも二年次以降の選択科目はますます厳しい結果となるでしょう。こうした制度設計がもたらす問題点について、近現代文学や古典文学の研究機関や学会、研究者たちはもっと声をあげるべきではないでしょうか。

「国語表現」は、科目名を維持するとともに、現行の三単位から四単位に増えました。授業時間数も増えることになります。他方、「表現の特徴や効果を理解した上で、自分の思いや考えをまとめ、適切かつ効果的に表現して他者と伝え合う能力を育成する科目」とされていて、現行の「指導要領」よりも単位数が増え、充実したようにみえますが、各科目で「表現力」が強化されて取り込まれたために、かえって存在感を稀薄にしています。学習する「内容」でも、「スピーチ」や「面接」でのやりとり、あるいは「企画書や報告書」、「広報資料」、「実務的な手紙や電子メール」などの具体例が示されているのですが、逆にその例から「国語表現」という科目が目指しているところがうかがえます。実社会で働く労働者として、最低限の読み書きができて、少しでも職場で役に立つ存在になってくださいという本音が見えているのです。

†PISA型読解力

しばしば指摘されていることに、こうした「学習指導要領」改訂や大学入学選抜制度の改革の背景にPISA（Programme for International Student Assessment）のショックがあると言われています。これはご存じの人も多いと思いますが、三年ごとに行われる「OECD生徒の学習到達度調査」のことで、四一の国と地域が参加した一五歳児を対象とした国際的な調査報告です。

二〇〇三年に実施されたこのPISA調査に日本も参加したのですが、「数学的リテラシー」「科学的リテラシー」「問題解決能力」の三分野で日本は一位グループに入っていました。ところが、「読解力」については一四位とぐっと低く、参加した国と地域の平均レベルとなったのです。しかも、記述式問題に対して無回答であった割合が高かったので、より大きな衝撃を与えました。前回二〇〇〇年の調査では「読解力」は八位でしたが、その後も〇六年に一五位とさらに下がり、〇九年にふたたび八位、一二年に五位とあがったのですが、一五年には八位に戻りました。

なかでもこの二〇一五年の調査では、「科学的リテラシー」を中心に重点調査がなされ、それまでの筆記型調査からコンピュータ使用型調査に方法も変わりました。そうしたところ生徒たちがコンピュータを使って回答するという方式自体に慣れていないという実態も見えてきたのです。「国語」の授業にもコンピュータを使ったデジタル教育をという声が上がりはじめる背景がこんなことからも分かってきます。

国際調査の順位に一喜一憂しているのは滑稽にも見えますが、教育政策がその国や地域の未来を形成する重要な因子であるのは言うまでもありません。フィンランドやカナダ、ニュージーランド、アイルランド、韓国といった常連の上位国について、その教育政策や事情を分析する一方、新たに参加してきた香港や台湾、上海、シンガポールなど、東アジアの国や地域に抜かれつつあることも、政府を慌てさせた理由だと思われます。ちなみに二〇一二年の「読解力」調査では上海、香港、シンガポールが一位から三位までを占めましたし、一五年でもシンガポールと香港が上位を守りました。

このとき調査結果を受けて松野博一文部科学大臣（当時）が発表したコメント（二〇一六年一二月六日）には省の課題として次の三点が掲げられています。

・学習指導要領の改訂による子供たちの資質・能力を育成する教育の実現や国語教育の充実
・「読解力の向上に向けた対応策」に基づく学習の基盤となる言語能力・情報活用能力の育成
・時代の変化に対応した新しい教育に取り組むことができる「次世代の学校」指導体制の実現に必要な教職員定数の充実

さて、PISA調査の「読解力」をめぐる問題をよく見てみると、テストの内容がまったく違うことに気づきます。もちろん、一五歳を対象にしたテストと、一八歳以上を対象にしたテストでは違いがあるのは当然です。しかし、それでも発想の違いは分かります。

たとえば二〇一二年の調査問題では、ハンガリーの劇作家フランツ・モルナールの戯曲『芝居は最高』の一部を使っています。この戯曲は、ふたりの劇作家とひとりの作曲家を主要人物として、演劇を作ること自体についての議論を展開するという面白いものです。芝居の書き出しに悩む劇作家が嘘くさい始まりを嫌い、自己紹介から始めた方がよほど気が利いていると言い出し、にぎやかに自己紹介を始めるという幕開きになっています。こういう素材の選択も魅力的ですが、設問では「この劇の登場人物は、幕が上がる直前まで、何をしていたことになっていますか」と、書かれていないことへの想像力を尋ねる問いや、芝居が始まってからの「15分間が、果てしなく長い時間に感じるんだ」という登場人物のセリフからその理由を問う選択肢問題、この戯曲を書くことで作者モナールは何をしようとしているのかを尋ねる問題など、優れた試験内容となっています。

他にも「熱気球の高度記録」をめぐる説明文から内容把握を問う問題や、『イソップ物語』のひとつから物語の語り方や読者の反応をめぐる問題など、シンプルでありながら、情報の取り出し方や解釈・批評に結びついた設問が用意されていました。いずれも、問題文の分量は限られていて、決して多くはありません。PISA型の問題をどのように「国語」のなかに生かすかは、今後もますます重要だと思います。その取り込み方がうまくいっていないことが「大学入学共通テスト」の最大の問題点なのです。

第3章

マークシート式問題の混迷

†「短歌」をめぐる出題

ふたたび、モデル問題に戻りましょう。

記述式問題の体たらくに対して、マークシート式の問題はどうなっているでしょうか。マークシート式はこれまでの「センター入試」でも実施されていた形式です。問題作成者たちからしても、慣れた問題形式になっているはずです。

しかし、新「学習指導要領」の課題に応えるために、マークシート式のサンプル問題もまたかなりの苦労の末に作成されたと思われます。二〇一七年七月に大学入試センターから発表された問題を見てみましょう。

現代文は「短歌」をめぐる出題となっています。ここではまず【文章Ⅰ】と【文章Ⅱ】というように二種類の問題文が示されます。「短歌について書かれた次の【文章Ⅰ】と【文章Ⅱ】を読んで、後の問い（問1〜5）に答えよ。」というのが、最初のリード文です。その問題文を見てください。まず、【文章Ⅰ】です。

【文章Ⅰ】

毎朝起きると、顔を洗い、歯を磨き、料理をして、ご飯を食べる。五感のうちでもっとも幼稚だけれどもっとも根源的なのが触覚であると、彫刻家の高村光太郎が言っていたが、あるいはその根源性のゆえに、私たちは私たちの一瞬一瞬が手指や舌などの触覚によって成り立っていることを普段は忘れがちだ。

触覚が本当に生きている歌というのは、視覚や聴覚の歌に比べると思いのほか少ない気がする、(ア)「琴線に触れる」「やさしさに触れる」といった言い回しがあるように、「触れる」というのは象徴的、観念的に使われることも多い言葉である。短歌でも、何かに「触れる」という歌はたくさんあるけれど、それがすなわち触覚の生きた歌だとは限らないのだ。

一粒づつぞくりぞくりと歯にあたる泣きながらひとり昼飯を食ふ　河野裕子『歳月』

ひやひやと素足なりけり足《あな》うらに唇《くち》あるごとく落椿《おちつばき》踏む　同『体力』

触覚の歌人としてまず思い浮かぶのが、河野裕子。こうした歌のなんとなまなましいことだろう。一首目、「ぞくりぞくり」が怖いくらいに肉感的である。神経が昂《たか》ぶっているときの、異様に研ぎ澄まされた感覚だろう。二首目には、裸の足裏にものが吸いつくようなリアルな感じが喩えによって再現されている。全身の皮膚は、世界と自分の境目であり、また繋《つな》ぎ目でもある。そのことの面白さを全力で味わうかのような触覚の歌。

こんなにも湯呑《のみ》茶碗《わん》はあたたかくしどろもどろに吾はおるなり

山崎方代『右左口《うばぐち》』

花冷えや夕暗がりにかむ洟《はな》がほのかに温《ぬく》してのひらの上に

島田幸典『駅程』

何かに触れることは、生きている自分自身を確かめ直すことなのだなと思う。手に包み持つ湯呑茶碗や自分の洟の、侘《わび》しいような温かさがここにはある。

触れることが命の輪郭をなぞり直すことだとしたら、それは他者の命についても同じだ。自分で自分をくすぐっても何も感じないように、私たちは自分と異なる他者に触れたときに触覚を意識することが多い。ひとの身体に気軽に触れる機会は現代の日本では減ってきているが、例えば介護、出産、子育てなど家族との時間のなかでは、身体に触れることが多いだろう。また、次のような性愛の歌でも触覚が印象的に詠まれる。

君の髪に十指差しこみ引きよせる(イ)時雨《しぐれ》の音の束のごときを

松平盟子『帆を張る父のやうに』

髪のひとすじずつの柔《やわらか》く冷たい感触を「時雨の音の束」に喩《たと》えることで、「君」の儚《はかな》さが切なく立ち上がってくる。触覚を「音」に喩えるというややアクロバティックな比喩でありながら、すっと胸に入ってくる。

1

2

いちじくの冷たさへ指めりこんで、ごめん、はときに拒絶のことば

千種創一『砂丘律』

生きている／生きていた命に触ることは、しばしば怖れや気味の悪さを伴う。それぞれ動詞がリアルに効いていて、日常の破れ目が見えるような怖さがある。

ひとつひとつの何でもない場面が、触覚を経由することでひりひりと印象づけられる。つまるところ、触覚にはやはり体験の一回性の力強さがある気がする。視覚なら今は写真や映像があるし、聴覚ならさまざまの音源があるが、触覚は基本的に「記録」できない。実際の体験と切り離せない。そんなかけがえのない触覚を、言葉によって再現してやろうという挑戦がある歌、そして、さまざまなものに触れながら生きている自分の輪郭を新鮮に確かめ直すような歌が面白いのではないだろうか。

（大森静佳《おおもりしずか》「わたしの輪郭、いのちの感触」による）

なるほど、といった感じでしょうか。

†二つ目の文章

次が【文章Ⅱ】となります。

【文章Ⅱ】

(ウ)感嘆おくあたわざる、といった出会いをした聴覚の歌を三つあげよう。

ひたぶるに暗黒《あんこく》を飛《と》ぶ蠅《はへ》ひとつ障子《しやうじ》にあたる音《おと》ぞきこゆる

斎藤茂吉『あらたま』

真っ暗闇の部屋のなかを、迷い込んだ蠅がひとつ出口をもとめて飛び巡っている。ときおり障子にぱしっとあたる重い音――この「音」を何と言いあらわしたらいいかと、もどかしい。

銀蠅などとも言った大きい蠅であろう。「音」には質量がある。ぐしゃりと潰れる生身も感じられる。そんな存在が、暗黒のなか、光をもとめては飛礫《つぶて》のように盲動し、身をうちあててはまた盲動する。あたかも運命であるかのように〈受苦〉するその音。

ニコライ堂この夜《よ》揺りかへり鳴る鐘の大きあり小さきあり小さきあり大きあり

北原白秋『黒檜《ひ》』

初めてこの歌を知ったとき、文字通り感嘆した。教会の鐘の音がまるで耳元で鳴っているようだ。「この夜」は特別の夜、題にあるように降誕祭前夜。「大きあり小さきあり」の繰り返しだけでは単調に終わるところを「小さきあり大きあり」と続けて、言葉そのものが鐘の響きとなっている。なんと言ってもすごいのは「揺りかへり」。実際に作っていると、これが出ない。これがあるから下の句が生きてくる。

空《そら》の日に浸《し》みかも響く青々と海鳴るあはれ青き海鳴る　若山牧水『海の声』

まっ青な空。日は高々とさしのぼる時刻、目をつぶって寝転ぶ。まぶたの裏は日のひかりであかるい。海鳴りが聞こえる。なんと空の日に滲《し》み入るように響くものか。青々と海が鳴っている。青い海が鳴るよ。

明るくて気持のよい、うつくしい青の響くような歌。青の色彩と響きとが溶け合っている。「青々と海鳴るあはれ青き海鳴る」の繰り返しが絶妙だ。「青々と――鳴る」だからこそ、海から空へとひろがる青の空間が生まれた。さらに「青き海」と言いかえて単調にせずうたいおさめていく。

(エ)右三首のうち白秋と牧水の歌は、作りが似ている。白秋「揺りかへり鳴る鐘」も牧水「空の日に浸みかも響く」も、三次元空間をもたない。揺れる鐘も、空の日も、読者には視覚的刺激をともなって想起されるけれども、言葉の組み立ては三次元的ではない。歌全体が聴覚と化したようで、響きそのものになって拡がっていくようだ。それは、茂吉の、すべてが「音」に集中する歌と比べればよくわかるだろう。茂吉の歌は、灯を消した暗い部屋という現実の三次元空間を「ひたぶるに暗黒を飛ぶ」と真っ黒に塗りつぶした。だからこそ耳は「音」に集中して異次元へと誘われる。

みづうみの氷に立てる人の声坂のうへまで響きて聞こゆ　島木赤彦『氷魚』

この歌は、聴覚をもって一首を統合し、三次元空間を見せたところに新鮮さがある。地形と作者との位置関係が明確で、空間が感じられる。冬の澄んだ空間に固く響く声の反射が聞こえてきそうだ。

赤彦たちは、三次元空間の現出を「写生」という語によって探求した。それゆえ歌はどうしても視覚中心になる。聴覚をもって一首を統合しなければならない場合にも、視覚が干渉してきやすい。

大きなる風音となれり目のまへに曇り垂れたる冬田のおもて　島木赤彦『太虚《きょ》集』

「大きなる風音となれり」なんて言ったって、少しも風音は聞こえてこない。視覚把握による「目のまへに曇り垂れたる冬田のおもて」はよく見えるが、音に関してはまったく索漠たるものだ。大きな風音になったとただ説明しているだけである。

かの島木赤彦にして、こうだったのである。（阿木津英《あきつえい》『写生』と聴覚」による）

それぞれの文末に出典が書かれていますが、【文章Ⅰ】が大森静佳「わたしの輪郭、いのちの感触」、【文章Ⅱ】が阿木津英「『写生』と聴覚」によると出ています。

†同じ雑誌、同じ特集から

この初出を調べてみたところ、実はどちらも角川書店の雑誌『短歌』二〇一六年五月号の特集「短歌と感覚」に発表されたエッセイであることが分かりました。どちらも、エッセイとしては興味深い内容であり、短歌評論としても読み応えのある文章です。個々にふつうに問題作成するとしたら、適切な問題文だと評価されるのではないでしょうか。

しかし、二篇が並ぶとしたら、どうでしょうか。たしかに一般的な入学試験の問題文とすると、一篇では短い。二篇を並べるという例外的な出題も、過去にないわけではありません。しかし同じ雑誌の、同じ特集からの抽出というのは、どういうことかと考えてしまいます。

おそらく、作成する側には、複数の問題文を出して「情報を多面的・多角的に精査し構造化する力」を問う出題方式が前提に課されていたのではないでしょうか。したがって、これに応えるために、関連する問題文を複数見つけなければならなかった。しかし、この選定作業はそう簡単ではありません。問題文の選択によって試験問題の成否の八割方が決まる、そう言っても過言ではないことを知っている経験者からすれば、複数の問題文で、しかも関連した設問が可能なものを拾ってくるのは相当に困難です。結局、作成委員もさんざん苦労したあげく、同一雑誌の同一特集からの採用となったのではないか、そのように推測します。

「情報を多面的・多角的に精査し構造化する」という観点からすれば、どちらも短歌という特殊な一文芸ジャンルをめぐるエッセイであり、しかも、触覚と聴覚というふうに一応、対比的ではあるが、同じような五感をめぐるアプローチをした記事でもあります。異種の文章を組み合わせるというよりは、類似した近いところにある文章から出題されたと言わざるを得ません。サンプル問題で早くもこうだということは、そもそものハードル自体が、こうしたマークシート式の解答を求める試験問題では、きわめて作成作業の難度を高くしてしまうことを示しています。

しかも、短歌評論とは、まぎれもなく「文学的な文章」の典型です。「現代の国語」と「言語文化」を出題範囲として想定しているものの、「文学国語」にかなり踏み込んだ出題と言えます。記述式問題の無味乾燥に対して、今度は極端に文学寄りにふれています。

†空欄に短歌を入れる

個々の設問はどうなっているでしょうか。問1は語句の意味をたずねる設問、問3や問4は語句や一節について、文脈に即した具体的な説明を求める設問がなされていて、これまでの「センター入試」や一般的な試験問題とそれほど違いのない作り方になっています。その一方、いささか目をそばだてる設問もありました。問2の空欄穴埋め問題です。

問2 【文章Ⅰ】の空欄1、2について、筆者がここに引用した短歌を次の①〜⑥のうちから二つ選べ。ただし、解答の順序は問わない。

① 悲しみの単位として指さす川にはなみずき散りやんでまた散る
服部真理子『町』

② ぬめっとるまなこに指をさし入れてゆびが魚をつきやぶるまで
吉岡太朗『ひだりききの機械』

③ 触れることは届くことではないのだがてのひらに蛾を移して遊ぶ
大森静佳『てのひらを燃やす』

④ 足のゆびはおろかにし見ゆ湯あがりの一人しばらく椅子にゐたれば

⑤ 遠くまで来てしまひたり挽き肉に指入るるとき今も目つむる

河野愛子『夜は流れる』

朝井さとる『羽音』

⑥ 風よりも静かに過ぎてゆくものを指さすやうに歳月といふ

稲葉京子『柊《ひいらぎ》の門』

ここでは二箇所の空欄を埋めるものを選択肢から選ばせるのですが、ご覧のように選ぶ対象が創作短歌そのものなのです。問題文の論旨を踏まえること、引用のあとの「生きている/生きていた命に触ることは、しばしば怖れや気味の悪さを伴う。それぞれ動詞がリアルに効いていて、日常の破れ目が見えるような怖さがある」という一節に対応する短歌を選ぶことがまず条件となるでしょう。そして引用されている三首のうち、「いちじくの冷たさへ指めりこんで、ごめん、はときに拒絶のことば」という千種創一の短歌は問題文のなかに残されているので、こうした短歌との近接性を考慮することになります。選択肢にあげられている服部真理子、吉岡太朗、大森静佳、河野愛子、朝井さとる、稲葉京子といった歌人たちは五十万人の受験生が知るほど著名なわけではありません。大森にいたっては、自分のエッセイに自分の短歌を例に挙げたかどうかを問われることになるわけで、いささか気の毒なくらいです。

発表された正答は②と⑤でした。実際に選択肢を見てみると、③は「てのひら」に蛾を移す、④は実際の「ゆび」を見るということなので外れるのでしょう。①「指さす」、②「指をさし入れて」、⑤「指入るる」、⑥「指さす」というように、四首にはすべて「指」が入っています。ただし、①と⑥の「指さす」は「指し示す」の意味の成句であるため、実際の「指」の感触とはだいぶ離れています。そこで②と⑤が残る。②は不気味な「ゆび」の感覚が伝わってくるようですし、挽き肉をこねている⑤の「指」も生々しく思い描くことができます。

しかし、大森自身の「触れることは届くことではないのだがてのひらに蛾を移して遊ぶ」という短歌がまったく不適切かといえば、そうではないように思えます。「てのひら」に蛾を移したときのぞわーっとした触覚は実に不気味に感じられるはずです。短歌の鑑賞において、絶対にこうだと選別するのはきわめてむずかしい。ところが、この設問はそこをあえて尋ねているのです。良問かどうかを問われれば、首をかしげることになります。

新たな問題文の追加

問5にいたると、さらに問題文は一変します。授業で【文章Ⅰ】【文章Ⅱ】を学習した生徒たちが登場し、斎藤茂吉「死にたまふ母」の鑑賞をめぐる生徒たちの会話が二頁にわたって掲載されるのです。

問5 【文章Ⅰ】と【文章Ⅱ】を踏まえて、「国語総合」の授業で次の短歌を鑑賞することとした。【生徒たちの会話】を読んで、後の(i)〜(iii)の問いに答えよ。

死に近き母に添寝のしんしんと遠田のかはづ天に聞ゆる　斎藤茂吉『赤光』

【生徒たちの会話】

生徒A　この短歌は母が危篤であるという知らせを聞き、東京から急いで故郷の山形へ戻った作者が、母を看病していた時の歌で、【文章Ⅰ】で取り上げている「触覚」と、【文章Ⅱ】で取り上げている「聴覚」のどちらにも関わる歌ですね。まずは「触覚」の観点でこの短歌を捉えてみるとどのようなことがわかるでしょうか。

生徒B　「触覚」を感じさせる言葉は「添寝」ですね。一つの部屋の中で、隣に寝ている死に近い母に触れている作者の実体験が表現されていると思います。

生徒C　一方、「聴覚」に着目してこの短歌を鑑賞してみると、遠くの田で鳴く「かはづ」の生にあふれた声が響き合っている状況を表現していると考えられます。【文章Ⅱ】で紹介されている明るくダイナミックな「空の日に」の歌とは対照的な世界が表れています。

生徒A　そうですね。しかし、私はこの短歌を詠んだとき、母と「かはづ」が同時に詠まれている意味がわかりませんでした。どのように考えたらよいでしょうか。

生徒B　私も同じような疑問を感じました。そこで私はこの短歌で使われている言葉について、もう少し調べる必要があると思い、「しんしんと」という言葉の意味を調べてみました。ある辞書には、

> 【意味1】あたりが静まりかえる様子
> 【意味2】寒さなどが身にしみ通るように感じられる様子

という意味が載っていました。

生徒C　私は「しんしんと」という言葉を使っている次の五首の作品を見つけました。

・しんしんと雪ふりし夜に汝《な》が指のあな冷たよと言ひて寄りしか
斎藤茂吉

・しんしんとゆめがうつつを越ゆるころ静かな叫びとして銀河あり
中畑智江

・大いなる岩を穿《うが》ちて豊かなり水しんしんしんと滝壺《つぼ》に入る
小松カヅ子

・暖かき小鳥を埋めるしんしんと雪ふればみな死なねばならぬ
黒崎由起子

・火のようなひとに逢ひたししんしんとひとつの思想差し出《い》だしたし
永井陽子

「しんしんと」の言葉の【意味1】や、これらの作品と比較してみると、「死に近き」の短歌は、看病をしている部屋の中や屋外が静まりかえって夜が更けていく中で、遠くの田で「かはづ」が鳴いている情景を表現していることがわかります。

生徒B　確かにそのように捉えることもできますが、「しんしんと」の【意味2】を踏まえると、「　ア　」と【文章Ⅰ】にも書かれていたように、母の死を覚悟した作者の痛切な思いが身にしみ入っていく様子を表現しているとも捉えられます。

生徒A　改めて二つの文章を読み返したり、皆さんの話を聞いたりして、私はこの短歌は「　イ　」により、生と死を象徴的に表した歌であると考えることができました。このように、五感に関わる視点や使われている言葉などに着目して短歌を鑑賞してみると、短歌に表れている場面や、その場面から想像できる作者の気持ちを多角的に読み取ることができ、深い鑑賞ができました。皆さん、ありがとうございました。

とうてい、これは高校生の会話とは思えません。現実に交わされる生徒の言葉からはるかに遠く、これはあくまでも作成者の脳裏に浮かんだ想像上の会話にすぎません。せいぜい中高年の社会人たちによる短歌講座でしょうか。つくづく作成を強いられた人の苦衷が思いやられます。とはいえ、強いられた委員たちが作成し、それをまた高校生たちが受験することを強いられるのです。

†複合のまた複合へ

しかも、またもや複合型の問題です。「触覚」や「聴覚」への注目をあげた上で、「しんしんと」という言葉の辞書的な意味を示し、さらに同じ言葉を用いた短歌五首をあげています。互いの会話は二、三回だけだから議論にもならないのですが、あたかも理解が深まったかのように会話は進んでいきます。問(i)では最初に示した茂吉の「しんしんと」に最も近い短歌を選ばせています。

(i) **生徒C**が紹介した歌の中で使われている「しんしんと」について、**【文章Ⅱ】**で取り上げていた内容に最もふさわしいものは何か。次の①〜⑤のうちから一つ選べ。

生徒Cの会話で紹介された斎藤茂吉から永井陽子までの五つが選択肢として掲げられます。それぞれの「しんしんと」という詩句の意味合いを測りながら、即答することが求められるのです。しかし、同じ問題のなかで創作短歌を選ばせる設問が二つも出てくるのはいささか異常ではないでしょうか。

正答は、小松カヅ子の「大いなる岩を穿ちて豊かなり水しんしんと滝壺に入る」となっていました。「しんしんと」を、辞書的に静かに雪が降る状態や、夜が更けて寝静まった状態の成句的な形容としてだけ使ったのでは合致しないということなのでしょう。岩をも穿つ強さと、滝壺に落下する「豊かな水」のダイナミズムを「しんしんと」と表すことに、表現の豊かさが現れていると判断しているのです。しかし、それを瞬時に理解するのは相当に至難の業です。

問(ii)、問(iii)はまたもや空欄穴埋め問題です。

(ii) 生徒Bの発言の空欄アに【文章Ⅰ】の中の一文を入れる場合、どのような表現が入るか。最も適当なものを、次の①〜⑤のうちから一つ選べ。

① 触覚が本当に生きている歌というのは、視覚や聴覚の歌に比べると思いのほか少ない気がする

② 短歌でも、何かに「触れる」という歌はたくさんあるけれど、それがすなわち触覚の生きた歌だとは限らないのだ

③ 神経が昂ぶっているときの、異様に研ぎ澄まされた感覚だろう

④ 視覚ならば今は写真や映像があるし、聴覚ならばさまざまな音源があるが、触覚は基本的に「記録」できない

⑤ 触れることが命の輪郭をなぞり直すことだとしたら、それは他者の命についても同じだ

ここにあげられている選択肢はいずれも【文章Ⅰ】の大森静佳の問題文から引用されて

います。したがって、生徒Bが問題文のどこを論拠にしたかを探せというのが設問の狙いです。複合型の、問題文をまたぐ設問として苦心のあとがうかがえるのですが、逆に言えば、苦労はしているものの、解答にたどりつくのはきわめて容易です。「母の死を覚悟した作者の痛切な思いが身にしみ入っていく様子を表現している」というこの生徒の後半の言葉を手がかりにする他ないのですから、人の生死に触れる要素がないかぎり、正答ではありません。問題文中から選択肢を作ることで、逆にキーワードで誤答ができなかったのです。「命の輪郭をなぞり直す」「他者の命」という言葉の入った⑤以外の選択肢はまったく正答にはほど遠い誤答ばかりになっています。

†拡散と質的低下

試験問題の作成者は、受験生が的確に問題文の要素を読み取っているかどうかを測るため、選択肢の作り方に苦労します。まず正答に複数の要素が混ざるような問いを用意します。その要素が適切に組み合わされている正答の選択肢と、バラバラの要素が別の異なる要素と結びついた誤答の選択肢を並べることで、選択肢問題ができあがります。一瞬にして分かる選択肢は良問とは言えず、また迷い込んでしまうぐらい複雑な選択肢は悪問となります。作成者はそうした受験生の反応を予測しながら問題を作成するのです。ところが、複合型でなければならないという枠組みをはめられてしまうと、設問の種類やバラエティが限定され、質の低下が起きてしまうのです。

すでにお分かりのとおり、マークシート式問題においても、絶対条件として課されたのは、複数の問題文を読みこなし、それらをつなぎあわせる設問を用意することでした。作成者はこの難題に懸命に応じようとしています。あの記述式問題の内容を知った作成者であるなら、せめて、こちらのマークシート式問題は従来の「国語」の試験問題のレベルを維持し、より「文学的」でなければならないと考えたかもしれません。

しかし、その結果、多くの教室ではなかなか取り上げられることの少ない「短歌」という文芸ジャンルを俎上にのせることになりました。あまつさえ、短歌鑑賞というきわめてデリケートな領域に、選択肢による問いを設けることになったのです。答えにたどりつくには時間のかかる問いになります。そして設問のなかに、さらに別な問題文を挿入するなど、問題文の分量がますます多くなり、時間内に対処できる容量を超えています。問題文が増えれば増えるほど、「情報」処理は機械的にならざるを得ないのが通例です。

統合的な思考力や表現力を鍛えるという目的からはどんどん逸脱していっていることが早くもサンプル問題で露呈してしまったのです。

†古典問題のモデル

古典の問題ものぞいてみましょう。

> 次の【文章Ⅰ】は『平家物語』「忠度都落《ただのりみやこおち》」である。【文章Ⅱ】は、【文章Ⅰ】を読んだふたりの人物による対談の一部である。これらを読んで、後の問い（問1〜6）に答えよ。なお、【文章Ⅰ】に登場する薩摩守《さつまのかみ》忠度は平家一門の武将で、平忠盛の六男、平清盛の異母弟にあたる。忠度は歌人・藤原俊成に歌を師事していた。

『平家物語』の「忠度都落」を材料にしているので、一見、オーソドックスと思いきや、こちらも複合型の問題文になっています。組み合わされているのは、筑波大学附属高校の元教員であった黒澤弘光に、教え子で物理学者の竹内薫がインタビューするかたちの対話集『心にグッとくる日本の古典』（NTT出版　二〇一一年）から、「忠度都落」に言及している部分です。

「忠度都落」は、有名な章段ですが、念のために本文を引いておきます。

薩摩守忠度は、いづくより(a)や帰られたりけん、侍五騎、童《わらは》一人、わが身共に七騎取つて返し、五条の三位俊成卿《さんみしゆんぜいのきやう》の宿所におはして見給《たま》へば、門戸を閉ぢて開かず。「忠度」と名のり給へば、「落人《おちうど》帰りきたり」とて、その内騒ぎあへり。薩摩守馬より下り、自ら高らかに宣《のたま》ひけるは、「別《べち》の子細候《さうら》はず。三位殿に申すべき事あつて、忠度がかへり参つて候《さうらふ》。門をひらかれずとも、此《この》際まで立ち寄らせ給へ」と宣へば、俊成卿、「さる事あるらん。その人ならば苦しかるまじ。入れ申せ」とて、門をあけて対面あり。事の体何と無うあはれなり。

薩摩守宣ひけるは、「年来《としごろ》申し承つて後、(ア)おろかならぬ御事に思ひ参らせ候へども、この二三年は、京都の騒ぎ、国々の乱れ、しかしながら当家の身の上の事に候ふ間、疎略《そらく》を存ぜずといへども、常に参り寄る事も候はず。君、既に都を出《い》でさせ給ひぬ。一門の運命はや尽き候ひぬ。撰集《せんじふ》のあるべき由、承り候ひしかば、生涯の面目に一首なりとも、御恩を被《かうぶ》らうど存じて候ひしに、やがて世の乱れ出で来て、その沙汰なく候条、ただ一身の嘆《なげ》きと存ずる候。世静まり候ひなば、勅撰の御沙汰候はんずらむ。これに候ふ巻物のうちにさりぬべきもの候はば、一首なりとも御恩を被つて、草の陰にてもうれしと存じ候はば、遠き御護《まも》りでこそ候はんずれ」とて、日ごろ読み置かれたる歌どものなかに、秀歌とおぼしきを百余首、書き集め(b)られたる巻物を、今はとてうつ発《た》たれける時、これを取つて持たれたりしが、鎧《よろひ》の引き合はせより取り出で て、俊成卿に奉る。三位これを開けてみて、「かかる忘れ形見を給はりおき候ひぬる上は、(イ)ゆめゆめ疎略を存ずまじう候ふ。御疑ひあるべからず。さても唯今の御渡りこそ、情けもすぐれて深う、あはれもことに思ひ知られて、感涙抑へがたう候へ」と宣へば、薩摩守悦んで、「今は西海の浪《なみ》の底に沈まば沈め、山野に屍《かばね》をさらさばさらせ、憂き世に思ひ置く事候はず。さらば、暇《いとま》申して」とて、馬にうち乗り、甲《かぶと》の緒をしめ、西を指《さ》いてぞ歩ませ給ふ。三位後ろを遥《はる》かに見送つて立たれたれば、忠度の声とおぼしくて、「前途《せんど》程遠し、思《おもひ》を雁山《がんさん》の夕《ゆふべ》の雲に馳《は》す」と、高らかに口ずさみ給へば、俊成卿いとど名残惜しうおぼえて、涙をおさへてぞ入り給ふ。

その後、世静まつて、千載集を撰ぜられけるに、忠度のありし有様、言ひ置きし言の葉、今更思ひ出でてあはれなりければ、かの巻物のうちに、さりぬべき歌いくらもありけれども、勅勘の人なれば、名字をばあらはされず、「故郷の花」といふ題にて読まれたりける歌一首ぞ、「読人《よみびと》知らず」と入れられける。

さざなみや志賀の都は荒れにしを昔ながらの山桜かな

その身朝敵となりにし上は、(ウ)子細におよばずといひながら、恨めしかりし事どもなり。

注は省略しました。よく知られている一節ですから、高校のときに古典の授業で教わったという人もいるでしょう。滅びゆく平家一門のなかで、遊芸に優れた人物が何人かいました。なかでも平忠度は、武将でありながら、和歌の道に通じ、藤原俊成に教えを乞うていたのです。俊成は、あの「小倉百人一首」の編者である藤原定家の父であり、俊成・定家父子によって、『新古今和歌集』の象徴詩のような抽象芸術が成立しました。「読人知らず」とされた和歌の作者が誰であるかを解き明かして由来を示唆し、『平家物語』の通奏低音となっている滅亡の美学を歌いあげた章段ということになります。

†古典をめぐる対話

よく人口に膾炙した部分であるだけに、これを問題文にするというのはいささか平易ではあります。しかし、一般的な出題なら、この問題文だけで設問を組み立てるはずです。ところが、このサンプル問題は、もう一つの【文章Ⅱ】を用意しました。どのようなものか見てみましょう。

黒澤 さて、俊成に見送られつつ、忠度は西に向かって去っていくんですが、俊成の耳に忠度が朗詠する漢詩の一節が聞こえてきます。

「前途《せんど》程遠し、思《おもひ》を雁山《がんさん》の夕《ゆふべ》の雲に馳《は》す」――大江朝綱《おおえのあさつな》という人が渤海《ぼっかい》国からの使節の送別に歌った詩です。「あなたの旅の前途は遠い。私は、あなたの帰る地にある雁山の上にたなびく夕映えの雲に思いを馳《は》せる」という意味です。みごとな去り方ですが、ちょっと竹内さんに伺います。俊成は門前で見送っている。忠度は詩を吟じながら馬で西に向かって去っていく。さて、ここでその向こうに見えるA空の色は、何色というイメージですか？

竹内　ええと……やはり夕焼けの色、金色がかったオレンジでしょうか。

黒澤　そこなんですよ。私もかつて高校・大学時代にこれを読んだとき、同じイメージを抱きました。夕映えの空に向かって去っていく忠度たちのシルエット――格好いいなあって感じでした。今でも、ここを授業していて生徒にこの質問をすると、ほとんどがそう答えます。ところがね、この文章のどこにも、忠度の訪れた時間や、帰って行ったのが夕方だとは書いてないんです。

竹内　えっ？　あ、ほんとだ。でも、じゃあどうしてボクはあんなイメージを……。

黒澤　そこがすごいんです。忠度が去っていくシーンで、わざわざ「西を指《さ》いてぞ歩ませ給ふ」と「西」を明示しました。よく考えてみれば、どっちの方向に行ったかは、別に意味はないはずです。一の谷は京都の南西方向ですが、はじめから西へ行くとは限りません。そして、大きいのは大江朝綱の詩です。ここで夕映えの空のイメージが読者の脳裏に浮かぶんですよ。

竹内　ははあ……。つまり、はっきり言うのではなく、読む者のイメージをさりげなく作っているわけですか！

黒澤　そのとおりです。これは〝言葉によるサブリミナル効果〟ですね。よく考えてみれば、あそこで朝綱の詩を朗詠するのは、ちょっと妙なんです。送別の詩だから、という理由で疑問を持たない方々ばかりですが、あれは本来、送る側の詩であって、去る側の詩ではありません。詩の引用のしかたとしては、ちょっと妙だ、ということです。

竹内　そうか……。つまり、状況は多少違っても、「夕映えの雲」のイメージを与えてくれる詩が必要だったんだ！

黒澤　そう考えるべきでしょうね。みごとな表現技法です。そしてさらにね、「西」「夕日」とそろうと、この時代の人なら、まず間違いなく頭に浮かぶ事柄があるんですよ。さて、何だと思います？

竹内　ラストシーンとして格好いいというだけじゃないんですね。「西」と「夕日」……きれいで、ちょっと寂しいイメージですが……。

黒澤　西方浄土。阿弥陀《あみだ》如来の浄土、いわゆる極楽ですよ。この時代、貴族も庶民も浄土教信仰を持っています。「観無量寿経《かんむりようじゆきよう》」という御経に描かれた安らぎと美しさを集めた世界、そこにはいつも夕日の光が満ち、澄み切った水にたくさんの美しい蓮《はす》の花が咲いているのです。この時代の人にとって、西に向かって去っていく忠度の姿は、西方浄土に赴く人というイメージとオーバーラップしてとらえられるのです。

竹内　そうだったんですか……。静かで、劇的な、すごく感動的なラストシーンなんですね。

黒澤　そうです。このように、「忠度都落」には、ウーンとうなりたくなるようなポイントがいくつもあります。さらに、一の谷の忠度の討死《うちじに》を描く「忠度最期」も、ほんとうに胸を打たれる章段ですよ。この二つの章段から浮かび上がってくるのは、忠度の惚《ほ》れ惚《ぼ》れとするような人物像です。忠度が討死したと知って、一の谷の戦場にいた武士たちが、敵も味方もその死を惜しんだと書かれています。B文武両道に秀でた堂々たる人物が、一門の滅亡を予知したうえで全力を挙げて戦い、そして倒れていく姿が、人々の心に深い感銘を与えたのです。

（黒澤弘光《くろさわひろみつ》・竹内薫《たけうちかおる》『心にグッとくる日本の古典』による）

ここでも注は省略しました。

文法と文学史の問い

この対話集は、著名なサイエンス・ライターがかつての恩師である高校の古典の先生にその魅力を聞くという趣旨で、いろいろ面白いところのある本です。しかし、問題文になったところを読むと、物理学が専門の竹内は、質問されてへどもどしたり、相槌を打ったり、せいぜい合いの手を入れたりしているくらいで、対話としてのダイナミックな展開に欠ける場面です。黒澤先生の解説ばかり目立つところが選ばれています。

したがって、対談としての醍醐味は薄いのですが、とにかく古典の本文以外にもうひとつ文章を読むことが課されました。この長さは尋常ではありません。

設問を見ると、**問1**は一般的な語釈の質問です。「おろかならぬ御事に思ひ参らせ候へども」「ゆめゆめ疎略を存ずまじう候ふ」「子細におよばずといひながら」の語釈が選択肢で問われていました。**問2**は文法問題で、「帰られたりけん」のa「られ」、「書き集められたる」のb「られ」、「思ひ知られて」のc「られ」、「撰ぜられけるに」のd「られ」と四種類の「られ」の文法上の「意味・用法」について、同じ説明になるものを問うています。助動詞の「る」「らる」をめぐる設問で、試験ではほんとにしばしば見られる一般的な問いです。動詞の未然形と助動詞「る」の連用形が結びついた「られ」と、尊敬の助動詞「らる」の連用形である「られ」の区別ができるかどうかですから、正答はbとdの組み合わせです。

問3は一転して文学史の問題で、「【文章Ⅰ】の二重傍線部「千載集」の説明として最も適当なものを、次の①〜⑤のうちから一つ選べ」という設問です。「新古今和歌集に先立つ勅撰和歌集」であることが分かればすぐに正解にたどりつけるようになっています。一般的に、勅撰和歌集は「八代集」として知られ、『古今和歌集』『後撰和歌集』『拾遺和歌集』『後拾遺和歌集』『金葉和歌集』『詞花和歌集』『千載和歌集』『新古今和歌集』の八つがそれにあたります。文学史をめぐる出題は、それこそ知識を求める出題にあたるので、近年はめっきり減っています。それが新たな「大学入学共通テスト」のサンプルに登場したことはいささか注目に値します。基礎的な知識として想定するということなのでしょうが、「現代の国語」「言語文化」といった教科のなかで、ここまで細かい学習をするかどうか、「学習指導要領」の求めるところからするとはなはだ疑問です。

†見せかけの複数性

しかし、それ以上に驚いたのは、【文章Ⅰ】にあたる「忠度都落」の本文からの出題は、この問1から問3までの三問しかないことです。ふつうはこの問2と問3のあいだに、【文章Ⅰ】の「忠度都落」の内容や表現にふれる設問をはさんで、全体として七つから八つくらいの設問を用意するのですが、この三つの設問以外、古文自体への問いはありません。それらは省略されて、【文章Ⅱ】の黒澤・竹内の対話内容に問いが移っていくのです。もちろん、「忠度都落」を理解しないと、それらにも答えられないとはいえ、古文理解よりも、現代文の一種でもある対談と合わせての読解に重点が置かれています。

問4は、傍線部A「空の色は、何色というイメージですか」についての二つの問いです。(i)は次のようになっていました。

> (i)「空の色」をイメージさせる表現はどれだと言っているか。【文章Ⅰ】の中から抜き出した次の①〜⑧のうちから二つ選べ。ただし、解答の順序は問わない。
>
> ① 落人帰りきたり　② 京都の騒ぎ　③ 忘れ形見　④ 西海の浪の底
>
> ⑤ 憂き世　⑥ 西を指いて　⑦ 夕の雲　⑧ 昔ながらの山桜

確かにこれは【文章Ⅰ】にも関連させた設問ですが、「空の色」が「夕焼けの色」に思えたと二人とも言っているわけです。「西」を明示していることも強調しているのですから、そこを参照すれば、正答が⑥と⑦であるのは明らかです。ほぼ【文章Ⅱ】を読むだけでも分かってしまいます。

(ii)「空の色」のイメージからどのような忠度の姿が想起されると言っているか。最も適当なものを、次の①〜⑤のうちから一つ選べ。
① 死を受け入れられず逃避する姿
② 不可避な死に対して抵抗する姿
③ 死の先の安寧な世界へ向かう姿
④ 文人としての死に満足する姿
⑤ 死を覚悟し手柄を諦めている姿

対談のなかで黒澤先生は、ちゃんと「この時代の人にとって、西に向かって去っていく忠度の姿は、西方浄土に赴く人というイメージとオーバーラップしてとらえられるのです」と指摘しています。「西方浄土」は死後の世界ではあるけれど、「極楽」でもあると語っています。ふつうにこの対談を読めば、③しか正答がないのは一目瞭然です。やはり、【文章Ⅱ】を読めば正答にたどりつけるような設問になっているのです。つまり、複数の問題文を読んで考えながら答えさせるという構えは、ここでは見せかけに終わっています。

†複合性の弱い問い

何とか古典の本文と関わってくるのは、次の問5のみです。

問5　【文章Ⅱ】の傍線部B「文武両道に秀でた堂々たる人物」とあるが、【文章Ⅰ】において、俊成が忠度の人となりを語った一文として、本文に［　］で示した次の箇所が挙げられる。ここから読み取れる忠度の人物像として適当な内容を、【文章Ⅰ】に即して、後の選択肢①～⑦のうちから全て選べ。

> さても唯今の御渡りこそ、情けもすぐれて深う、あはれもことに思ひ知られて感涙抑へがたう候へ

① 戦に敗れ前途がない状況でも、危険を冒してまで京に戻るほどの強い意志を持った人物

② 戦の最中であっても、師に教えを請うためには遠路をものともしない探究心の旺盛な人物

③　今や敵となった相手にも、願いをかなえるためには直ちに会いに行く熱意のある人物
④　自作の何首かは勅撰集に採られるものと信じて疑わない、和歌への自負心の強い人物
⑤　可能性が低いが自分の和歌を託して後世に残そうとした、和歌への思いに満ちた人物
⑥　死ぬと分かっていながらも、帝にどこまでも付き従おうとする忠誠心にあふれる人物
⑦　目標としてきた師に、最期に武士としての矜持《きようじ》を認めてほしいと願う誇り高い人物

文脈は多少関わりますが、「さても唯今の御渡りこそ、情けもすぐれて深う、あはれもことに思ひ知られて感涙抑へがたう候へ」という一文の意味をしっかり捉えることができれば、この問いも難問というわけではありません。

まず、選択肢は要素に応じていくつかのグループになっているのが分かります。「御渡り」は、敬語の接頭辞をつけていますから、俊成が敬意をはらう平忠度そのひとの「渡

り」です。敗走の途中から戻って、俊成の屋敷までやってきた、その行程を「渡り」と言っています。その来訪について「情けもすぐれて深」いと感じているのです。来訪にふれた前半の①～③のうち、要素としては忠度の「強い意志」「探究心」「熱意」が強調されています。しかし、②のように「情け」と「探究心」と結びつけるのはむずかしい。一方、「強い意志」と「熱意」は類義語でもあります。ところが、③は「今や敵になった相手にも」という余計な要素がつけられています。両者は師弟関係ではあるものの、敵対関係ではありません。となると、①が正答となります。

④と⑤は「和歌への自負心」と「和歌への思いに満ちた」と、やはり類似した要素が重なっています。その前の部分に違いがあるわけで、④は「自作の何首かは勅撰集に採られるものと信じて疑わない」というように、傲慢なイメージを取り入れています。これはありえない。となると、「可能性が低いが自分の和歌を託して後世に残そうとした」という⑤が正答に近いでしょう。

⑥と⑦は「忠誠心」と「武士としての矜持」が並べられていますが、少なくとも「帝」との関係は書かれていません。「武士として」は、忠度の最期のときには敵も味方も称賛したとあるものの、師である俊成に認められたいという承認欲求の強い存在とは語られていません。したがって、どちらも誤答とすると、正答は①と⑤の二つということになるの

です。
このように【文章Ⅰ】を関わらせてはいますが、複合度は低く、引用された一文をじっくり考えれば解答できるようになっています。

†退場を促される古典

古典の最後の設問となる**問6**に至っては、【文章Ⅱ】に関する設問で、「【文章Ⅱ】の表現と構成の特徴の説明として最も適当なもの」を選びなさいという問いです。これは完全に、現代文の設問です。古典に関する設問ではありません。選択肢を見てみましょう。

> ① ひとりが行う説明に対してもうひとりが異なる見方を提案しており、複数の観点を提示することを目指して対談が進んでいる。多様な観点を得た喜びが、「！」を用いて示される。
> ② ひとりの意見が一方的に示されるように見えながら、もうひとりの意見も短文を連ねて差し挟まれる。この形式と「？」を両者が用いることで、ふたりの意見が対等であることが強調されている。
> ③ 一方の説明によってもうひとりの気づきが促され、その中に新たな観点が提示さ

れているかたちで対談が進んでいる。新鮮な観点を得た驚きや感動が、「！」や「……」の記号で示されている。

④ひとりが専門的な見解を提供し、もうひとりが例示や質問によって次の話題を展開していくという役割分担が行われている。言葉の言い換えや「？」の使用で、そうした分担が強調されている。

⑤問いかけと回答に微妙なずれが生じるかたちで対談が進められ、問題意識がふたりの間に共有されないまま終わっている。論点のずれへの戸惑いや疑問が、「……」や「？」を用いて示されている。

先ほども言ったように、この対談で問題文として引用された箇所は、もっぱら黒澤先生が解説を行い、元教え子の竹内はむかしの高校生よろしく「ボク」という一人称を使ったりしながら、素人目線で対話に応じているため、本格的な議論にはなっていません。おそらく、そうした弱点があると思ったからでしょう。選択肢の①では、「ひとりが行う説明に対してもうひとりが異なる見方を提案しており、複数の観点を提示することを目指して対談が進んでいる」というありえない説明をする一方、反対に②では、「ひとりの意見が一方的に示されるように見えながら、もうひとりの意見も短文を連ねて差し挟まれる」というように正確な捉え方をしながらも、「この形式と『?』を両者が用いることで、ふたりの意見が対等であることが強調」されるという意味不明な誤答要素を組み込んでいます。

④でも「ひとりが専門的な見解を提供」する役割だと正しいことを指摘していますが、「もうひとりが例示や質問によって次の話題を展開していく」というほど、話題の展開がなされているかといえば、それほどではない。相槌を打って、話を次々と引き出す程度の役割です。正答に近くはありますが、「役割」の強調がなされているとまでは言えません。

⑤は、もっと厳しく対談の「ずれ」を見出だしていますが、問題意識が「共有」されていないというより、問題の前提が「共有」されすぎているので、すらすらと対談が進んでしまって、両者の「ずれ」が消えてしまったことを、もし、批評するのであれば批評すべきでしょう。

そうすると、正答は③となります。「一方の説明によってもうひとりの気づきが促され」たというのが、この選択肢の眼目です。②をべつな観点から言い換えて、一方の説明に対して、「短文」を挟むだけではなく、「気づき」が促されているのだと言っています。この指摘の上に、「新鮮な観点を得た驚きと感動」を強調して、文章記号との連動が解説されているわけです。

問6自体は、対談形式の文章を読んでそこから表現上の特徴を読み取るという、なかなかユニークでいい設問だと思います。しかし、それはついに古典の原文とは関わりません。どうみても、現代文の出題なのです。「古典探究」という科目が成り立つかどうかが危ぶまれるのは、こうしたサンプル問題にすでに現れているのです。プレテストでは、実はこの反動が起きているのですが、そこはあとでふれることにしましょう。いずれにせよ、過剰な複合型問題という命令に、作成委員は奮戦むなしく、悲しい抵抗をして空回りするか、古典ではなく、古典を素材にした現代文への転向を余儀なくされているのです。これならば、小林秀雄や折口信夫、白洲正子、山本健吉らの古典評論へ回帰せざるを得なくなってしまいますし、結果的には、国語の教科のなかから「古典」の退場が待ち構えていることになるのではないでしょうか。

第4章

プレテストの分析1
――記述式問題

†試行調査の実施

さて、サンプルの問題例がモデルたりえていないことは見えてきたかと思います。

それから半年後、二〇一七年一一月に「大学入学共通テスト」を想定した「試行調査（プレテスト）」が実施されました。参加校は約一九〇〇校、高校二年生以上で「国語」はおよそ六万五千人が受験しました。記述式とマークシート式の問題は「国語」（一〇〇分）と「数学Ⅰ・数学A」（七〇分）、マークシート式の問題のみが「世界史B」「日本史B」「地理B」「現代社会」、「数学Ⅱ・数学B」、「物理」「化学」「生物」「地学」（すべて六〇分）となったのです。

その趣旨について大学入試センターは実施の前月に、「新しいテストの問題構成や内容等を決定していくにあたっては、あらかじめ、探究の過程等をより重視した新たなねらいの問題を出題した場合の正答率や傾向等を分析しておく必要があります」と発表し、今後の「分析」に用いるためと言っています。したがって、「試行調査で出題される問題は、あくまでも検証のためのものであり、今回の問題構成や内容がかならずしもそのまま平成三二年度からの大学入学共通テストに受け継がれるものではない」ということです。

この断り書きがあるのですから、これが見本だというのではないのでしょう。しかし、基本の大枠はこの見本をもとにするだろうし、そうならざるを得ないことは誰しも分かっています。同じではないという身ぶりをした上で、最後にこう言っています。

> 今回の試行調査は、今の高校生にとっても、深い理解を伴った知識や思考力、判断力、表現力を問うことをより重視した問題で、自分の力を試すことができるものです。

果たしてその自負はあたっているでしょうか。

問題冊子は、センター試験などと同じような判型の印刷物となっていました。なかでも「国語」は全部で五二ページに及ぶ大部のものとなっています。二〇一八年一月に実施されたセンター試験の「国語」の問題冊子が四六ページでしたから、六ページほどボリュームが多かったのが分かります。ここでは記述式問題が**第1問**となっていて、**第2問**からはマークシート式問題となっています。この**第2問**には評論・論文形式の問題文が使用され、**第3問**は小説からの出題となりました。**第4問**が古文、**第5問**が漢文の出題となっていました。一般的に、センター試験の「国語」の場合、大きな問題数は四つ、現代文が二問、古文・漢文で各一問でしたから、単純に記述式問題の分が純増になっています。

設問ごとの解答数でいくと、**第1問**の記述式は三つ、**第2問**が六つ、**第3問**が一〇、第

4問が六つ、第5問が一〇になっていて、合計三五問ということになります。二〇一八年のセンター試験では現代文から出題があった第1問と第2問で二〇の解答が求められ、古文の第3問が八つ、漢文の第4問がやはり八つで、合計三六の解答をマークすることになっていました。解答数は一つ違いなのですが、記述式が加わりましたから単純比較はできません。手間がかかることを想定して、試験時間は八〇分から一〇〇分に延びています。しかし、実際の問題を見ると格段にややこしくなっていることは確かです。

†増大する問題量

言うまでもありませんが、「国語」でいちばん大変なのは、問題文をきちんと把握することです。設問数や解答数が同じだとしても、種類の異なる問題文をあちこち読んでいかなければならないとなると、それだけ時間をとられます。資料複合型の問題文を作成することがどうやら課題となっているところから、問題文の分量がそれまでとは比べものにならないほど、増えてしまっているのです。記述式のサンプルのときに指摘したように、増えた資料にはムダな情報も多く含まれています。ムダな情報と意味のある情報を見分ける能力を鍛えるというわけですが、その目的自体は正しくても、実際に試験問題に組み入れたとき、受験生は大量の情報を読み込んで、瞬時にそれらを判別しなければならないという課題を負うことになります。

野球の千本ノックではないですが、ボールの動きを一瞬で見分けて、打球の速さや方向、転がり方を判断して、すばやいダッシュとともに捕球の体勢をつくる。そういう訓練をくりかえすことで身体に守備の動きを覚えさせる。確かにそれにも一理あるのですが、しかし、「大学入学共通テスト」でそうしたトレーニングが必要なのでしょうか。それは瞬間的に見分ける能力を鍛えることにはなるかもしれません。しかし、「思考力・判断力・表現力」の育成にはつながらないのではないでしょうか。

ちなみに今年のセンター試験の問題文を見ると、**第1問**は有元典文・岡部大介『デザインド・リアリティ――集合的達成の心理学』から、**第2問**は井上荒野の小説「キュウリいろいろ」から、**第3問**の古文は本居宣長『石上私淑言《いそのかみのささめごと》』から、**第4問**の漢文は李燾《りとう》『続《ぞく》資治通鑑長編《しじつがんちょうへん》』から出題されていました。四種類の問題文を読むことが課されました。

最後の漢文などは、かなり難解なもので、出題範囲である「国語総合」のレベルでは到底あり得ない文章を出しています。本居宣長の『石上私淑言』についても、果たして「国語総合」に載るレベルかという疑問です。しかし、センター試験では「国語総合」の内容を出題範囲とするという建前が掲げられています。実際にはその出題範囲だけを守ったなら、得点のバラツキが起きなくなってしまうために、作成する側も受験する側も、そして受験生を指導する高校・予備校関係者も、その建前を共有して、くい違いがあっても目くじらを立てないという前提で行われていました。ところが、サンプルやプレテストを見るかぎり「大学入学共通テスト」では、それが一変します。五つの大問それぞれが複雑な組み立てになっていて、読まなければならない資料が考えられないほど増えてしまいました。複雑さにおいてプレテストは、いまのセンター試験のはるかに上を行っています。

†規約をめぐる議論

では、実際にプレテストの記述式問題の**第1問**から見ていきましょう。今度の出題は、架空の高校の生徒会をめぐる話題となっています。

> **第1問**　青原高等学校では、部活動に関する事項は、生徒会部活動規約に則《のっと》って、生徒会部活動委員会で話し合うことになっている。次に示すものは、その規約の一部である。それに続く**【会話文】**は、生徒会部活動委員会の執行部会で、翌週行われる生徒会部活動委員会に提出する議題について検討している様子の前半部分である。後に示す、執行部会で使用された**【資料①】**～**【資料③】**を踏まえて、各問い（問1～3）に答えよ。

これがまず、**第1問**のリード文です。

問題文は五種類の文章から構成されています。最初が「生徒会部活動規約」で、その第1条から第16条までが掲載されています。二つ目が、執行部会でくりひろげられる**【会話文】**です。四人の生徒と一人の教員が参加しています。三つ目が、**【資料①】**「部活動に関する生徒会への主な要望」の集計結果をまとめた表です。四つ目が、**【資料②】**「市内5校の部活動の終了時間」を調査してまとめた表になっています。そして最後が、**【資料③】**「青原高校新聞」記事にあたります。こうした五種類の異なる形式の文章や表を統合させながら、「構造化」することを求めた問題文になっているのです。設問数がわずか三つなのに、五種類の文章を読みこなすというのはかなりハードルの高い試験です。

まず、最初の資料として掲げられる「生徒会部活動規約」を見てみましょう。これも横書きで出ているのですが、ここでは縦書きに直して引用します。

青原高等学校　生徒会部活動規約

第1章　総則

第1条　部は青原高等学校生徒会会員によって構成する。

第2条　部活動に関係する事項は生徒会部活動委員会で審議し、生徒総会の議決を経て職員会議に提案する。

第3条　生徒会部活動委員会は、生徒会本部役員と各部の部長によって構成する。

第4条　生徒会部活動委員会には、委員会の円滑な運営のため、次により構成する執行部を置く。

委員長　各部の部長のうちから1名
副委員長　生徒会本部役員のうちから1名
体育部代表　体育部の部長のうちから1名
文化部代表　文化部の部長のうちから1名

第2章　部の運営

第5条　部活動は部員の自主的活動によって部員の趣味・親睦を深めると同時に、人間性を高め、研究活動の充実、技術の向上を図ることを目的とする。

第6条　部活動として次の部を置く。

体育部　硬式野球部　ソフトボール部　サッカー部　剣道部　卓球部
バスケットボール部　バドミントン部　テニス部

文化部　吹奏楽部　演劇部　茶道部　美術部　書道部　琴部　新聞部
科学部

第7条　会員は自由意志により所定の手続きをとり、どの部にも所属できる。

第8条　原則として、一人の会員が複数の部に所属すること（兼部）は禁止する。ただし、体育部と文化部との兼部については、双方の顧問の了解が得られれば可能とする。

第9条　各部は部長・副部長を選出する。

第10条　部活動の終了時間は17時とする。

第11条　休日、祝日は顧問が必要と認めた場合、顧問の指導のもとに、午前中又は午後の半日部活動を行うことができる。

第3章　部の新設・休部・廃部

第12条　部の新設は、同好会として3年以上活動していることを条件とする。

第13条　条件を満たし、部として新設を希望する同好会は、当該年度の4月第2週までに、所定の様式に必要事項を記入し、生徒会部活動委員会に提出することとする。なお、提出期限に遅れた場合、部の新設は次年度以降とする。

第14条　部の新設には、生徒総会において出席者の過半数の賛成を必要とする。
第15条　部員数が5名未満であり、その活動も不活発な状態が1年以上続いたと認められる場合、生徒会部活動委員会において審議の上、休部とする。
第16条　休部の状態が2年以上続いた場合、生徒総会の議決を経た後、廃部とする。

第4章　同好会（以下略）

これがまずこの高校における生徒会部活動のルールであるというわけです。サンプル問題例のときにも指摘しましたが、記述式問題の導入は、これまで自治体の「景観保護の方針」をめぐる公文書や駐車場管理会社と借主のあいだで交わす契約書といった社会的な関係を前提にしたものを取り入れていました。ここでも重視されるのは「規約」です。

†錯綜する資料

次に生徒会執行部と教員一名による**【会話文】**が掲げられます。

登場する人物

島崎――委員長。剣道部部長。
森　――副委員長。生徒会副会長。新聞部部長。
永井――体育部代表。バドミントン部部長。
寺田――文化部代表。書道部部長。
夏目――教諭。生徒会顧問。

島崎　執行部会を始めましょう。今日の執行部会では、生徒会部活動委員会に提出する議題について検討します。まず何を議題とするかを考えていきましょう。最初に確認しておきますが、施設や設備の改修など、予算に関わるものは学校側に要望として提出し、委員会の議題にはしません。では、森さんから、提出したほうがよいと考える議題について説明をお願いします。
森　はい。では、【資料①】の中から、部活動委員会に関わりそうな議題を選ぶと、まず「ダンス部の設立」になりますね。
島崎　それは……、議題にならないのではないでしょうか。
森　えええっ、なぜですか。
島崎　現在活動中の同好会は、「軽音楽同好会」だけだからです。「ダンス部」の設立希望があるのなら、規約どおりに進める必要があります。

森　ああ、そうでした。うっかりしていました。では、この件への回答になるように、来月発行の『青原高校新聞』の「生徒会から」のコーナーに、当該年度に部を新設するために必要な、申請時の条件と手続きを、分かりやすく載せておきます。

島崎　お願いします。では、引き続き、【資料①】を基に取り上げる議題を挙げていきましょう。

永井　【資料①】から考えると、まず取り上げる議題は「部活動の終了時間の延長」ですね。

島崎　そうですね。では、次に重要だと思われる議題は何でしょうか。

寺田　「兼部規定の見直し」です。

夏目　念のために確認しておくけれど、兼部については、双方の顧問の許可だけは必要になりますよ。

寺田　はい、見直しの内容は、あくまで双方の顧問の許可があることを前提にした上での、条件の緩和です。これまで認められてこなかった［　ア　］という要望です。

島崎　なるほど、分かりました。昨年も体育部・文化部の双方から同じような条件の緩和を求める声がありましたね。他にも議題は考えられますが、この二つについて検討していきましょう。では、まず「部活動の終了時間の延長」についての提案内容をまとめていきます。みなさんの考えを聞かせてください。

寺田　延長に賛成します。個人的にも、作品展の前は時間が足りないなあ、と思うんですよね。

永井　延長を認めてほしいです。いつもあと少しのところで赤雲学園に勝てないんです。

島崎　わたしも、せめて試合前には練習時間を延長してほしいと思っているのですが、個人的な思いだけでは提案できません。何か参考になる資料はありませんか。

寺田　市内五校の部活動の終了時間がどうなっているか、まとめてみました。【資料②】です。

森　別の資料もあります。【資料③】です。新聞部が去年の「文化祭特別号」で、部活動についてまとめた記事です。

島崎　ありがとう。では、これらの資料を基にして、部活動の終了時間の延長を提案してみましょう。

森　ちょっと待ってください。提案の方向性はいいと思うのですが、課題もあると思います。［イ］

島崎　なるほど、そう判断される可能性がありますね。それでは、どのように提案していけばいいか、みんなで考えましょう。

これだけ読むのでもけっこう時間が取られます。しかし、資料がまだまだ続きます。【資料①】、【資料②】、【資料③】というデータが並べられ、それらがこの会話のなかで言及されているものにあたるのです。

【資料①】

部活動に関する生徒会への主な要望

要望の内容	要望したクラス	生徒会意見箱に投函《とうかん》された数
ダンス部の設立	1年A組 1年B組 1年C組	35通
部活動の終了時間の延長	1年D組 2年C組 2年D組	28通
シャワー室の改修	3年A組 3年B組	19通
照明機器の増設	2年A組 3年D組	15通
兼部規定の見直し	3年C組	25通
同好会規定の見直し	2年B組	13通

・投函された意見の総数は148通、そのうち部活動に関する要望は135通。
・今年度4月末の生徒総数は477人。各学年は4クラス。

【資料②】

市内5校の部活動の終了時間

高等学校名	通常時	延長時	延長に必要な条件
青原高等学校	17時00分	—	—
青春商業高等学校	17時00分	18時00分	大会・発表会等の前かつ顧問の許可
白鳥総合高等学校	18時30分	—	—
赤雲学園高等学校	17時00分	18時00分	顧問の許可
松葉東高等学校	17時00分	18時30分	顧問の許可

【資料③】

青原高校新聞　（平成28年９月７日　文化祭特別号　青原高等学校新聞部）　抜粋

青高生の主張

「部活動の充実」の内訳

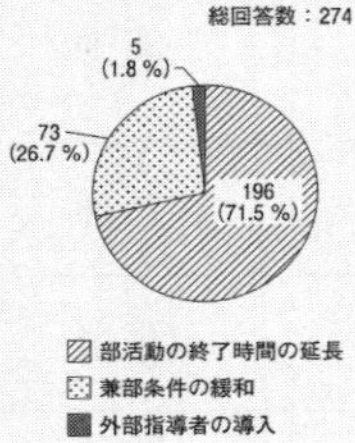

青原高校に求めるもの（複数回答可）

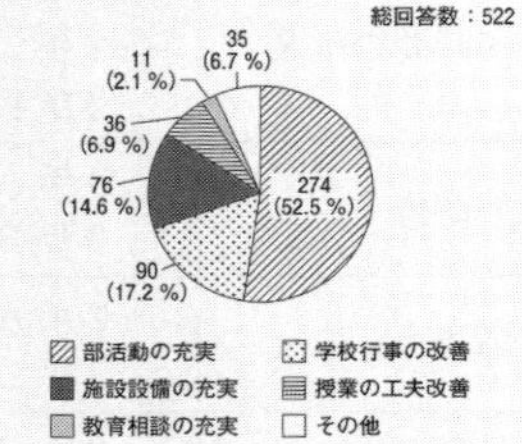

第一位は「部活動の充実」

新聞部「青高アンケート」結果発表

先日、新聞部が実施した「青高アンケート」（七月十五日実施）の結果によると、学校側への要望で、最も多かったものは「部活動の充実」、二番目は「学校行事の改善」であった。

「部活動の充実」の内訳では、「部活動の終了時間の延長」という回答が最も多かった。これは、秋の新人戦・作品展に向けた練習・準備が活発化する中、近隣高校に比べて活動時間が短い、という思いの表れであろう。

硬式野球部主将の中野さんは、「青原高校の生徒は、部活動があるからといって学業をおろそかにするとは考えられない」と語る。また、吹奏楽部部長の樋口さんは、「部活動を一生懸命やりたい後輩は、白鳥総合高校を目指してしまうから、ぜひ部活動の終了時間を延長してほしい」と訴えた。

しかし、部活動の終了時間の延長の実現には課題もある。青原市作成の「通学路安全マップ」によれば、本校の通学路は、歩道も確保できないほど道幅が狭い。また、交通量のピークは午前七時前後と午後六時前後とされている。生徒指導担当の織田先生は、「部活動の終了時間の延長を認めた場合、生徒の下校が集中する時間帯の安全確保に問題が生じるのではないか」と語っている。

【資料③】の文章

先日、新聞部が実施した「青高アンケート」(七月十五日実施)の結果によると、学校側への要望で、最も多かったものは「部活動の充実」、二番目は「学校行事の改善」であった。

「部活動の充実」の内訳では、「部活動の終了時間の延長」という回答が最も多かった。これは、秋の新人戦・作品展に向けた練習・準備が活発化する中、近隣高校に比べて活動時間が短い、という思いの表れであろう。

硬式野球部主将の中野さんは、「青原高校の生徒は、部活動があるからといって学業をおろそかにするとは考えられない」と語る。また、吹奏楽部部長の樋口さんは、「部活動を一生懸命やりたい後輩は、白鳥総合高校を目指してしまうから、ぜひ部活動の終了時間を延長してほしい」と訴えた。

しかし、部活動の終了時間の延長の実現には課題もある。青原市作成の「通学路安全マップ」によれば、本校の通学路は、歩道も確保できないほど道幅が狭い。また、交通量のピークは午前七時前後と午後六時前後とされている。生徒指導担当の織田先生は、「部活動の終了時間の延長を認めた場合、生徒の下校が集中する時間帯の安全確保に問題が生じるのではないか」と語っている。

†積みあげられるデータ

ご覧のように、合計五種類の問題文や資料を読みこなさなければなりません。このあとのマークシート式の問題も複雑化していますから、この第1問に受験生が割ける時間は、試験時間を増やした二〇分間あるとは言いがたく、一五分程度でしょう。そのあいだに五種類を通読し、設問に答えて、記述の解答を清書しなければならないのです。読者のみなさんなら可能ですか。

初めてこの試験に直面したら面食らうことでしょう。実際の設問にたどりつく前に、プレッシャーから頭が混乱するかもしれません。一般的に入学試験の問題はこれまでも分量が多いことは指摘されていました。しかし、受験生たちにとっては、このようなことはお茶の子さいさい。そのようなものだと了解しているし、さっと問題文を流し読みしながら、設問を見て、選択肢を見て、瞬時に解答をはじき出す、そういうふうに訓練されてきました。しかし、それでは「思考力・判断力・表現力」が身につかないという批判があって、このような改革になってきたはずです。ところが、いざ新テストを目指したら、改善どころか、かえって分量が増えてしまったのです。どうにも合点がいきかねます。

†平易すぎる問い

ようやく設問をチェックする段階になりました。最初の設問は以下の通りです。

> 問1　傍線部「当該年度に部を新設するために必要な、申請時の条件と手続き」とあるが、森さんが新聞に載せるべき条件と手続きはどのようなことか。五十字以内で書け（句読点を含む）。

森という生徒が「ダンス部の設立」をまず議案にあげようとしたとき、島崎委員長はこれを「議題にならない」と制止しました。「規約どおりに進める」ことが必須だからです。となれば、その「規約」に答えは隠されています。「生徒会部活動規約」には第3章に「部の新設」を書いた条文がありました。その第12条に「同好会として3年以上活動している」ことが第一条件とされています。つづいて第13条にはこの「条件を満たし、部として新設を希望する同好会は、当該年度の4月第2週までに、所定の様式に必要事項を記入し、生徒会部活動委員会に提出する」とあり、これが申請手続きとなります。第14条にはさらにこの提案が「生徒総会」において「過半数の賛成」を要するとあり、一連の流れがまとめられています。これをコンパクトに整理すればいいわけです。

発表された正答例は「同好会として3年以上活動した上で、4月第2週までに所定の様式で生徒会部活動委員会に申請すること。（四十八字）」となっていました。そこには「正答の条件」があります。

① 五十字以内で書かれていること。
② 「同好会として3年以上活動」ということが書かれていること。
③ 「4月第2週までに申請する」ということが書かれていること。
④ 「所定の様式で申請する」ということ、「生徒会部活動委員会に申請する」ということのどちらかが書かれていること。なお、両方書かれていてもよい。

というように四つの条件が示されていました。この条件がいくつ揃って記述されているかによって採点する仕組みです。

会話文のやりとりから質問がなされているのですが、別な資料に解答のヒントがあるようになっています。このように、資料をまたぐというところに新しさがあるのですが、逆に明確に正しい答えを導く要素がちりばめられていないと設問にはなりません。しかも、記述式の場合、複数の要素を組み合わせることが重要なので、分かりやすく明快に答えが導き出されなければならないのです。

†正答率と得点効果

これまで「国語」の試験問題で、選択肢問題はだいたい四つから五つの選択肢を用意して答える形式になります。したがって、四つの選択肢であれば二五％の確率で、偶然に正答を選ぶ受験生も出てきてしまいます。たしかに、これではほんとうの学力を測るには誤差があります。ただ、すべての設問で偶然に正答にたどりつく確率は低いでしょう。一つの設問において偶然、正答にたどりついたとしても、設問数が一定の数以上あれば、誤差による偏りは小さくなります。だから三〇問以上の設問が用意されているのです。

四条件のうち、文字数をべつにすれば三つの条件を組み合わせて作文できるかどうかが、この記述式の設問の眼目でした。実はそれは選択肢を作る場合でも同じです。マークシート式であれ、記述式であれ、採点するとなれば同じ構造にならざるを得ないのです。とすると、自分の頭で考えて文章を作ることができるかどうか、そこだけが問われていると言えます。

果たして、この問いを記述式にすることに意義はあるのでしょうか。二〇一八年の三月二六日に大学入試センターは「大学入学共通テストの導入に向けた試行調査（プレテスト）（平成二九年一一月実施分）の結果報告」を発表し、そこでこの記述式問題の採点結果を出しました。それによると、この問1の正答率は次のようになっていました。

条件①〜④のすべてを満たす（完全正答）　四三・七％
字数の条件だけ満たさず、他の三条件は満たす　二・二％
字数の条件を満たし、他の三条件中二条件は満たす　三二・二％
字数の条件を満たし、他の三条件中一条件は満たす　一四・一％
上記以外の解答　五・四％
無解答　二・三％

完全正答は四三・七％でした。これを満点として、字数だけ守れなかったものと、二条件は満たしたもの、一条件を満たしたものに、減点しながら得点を決めていったのでしょう。選択肢問題が満点か零点かのどちらかになるのに比べれば、たとえば三点、二点、一点、零点と得点差ができるのはいいことです。しかし、受験生の八割近くが三点から一点までに集中するとなると、この設問に的確に答えることができたその得点の効果はそれほど大きくないということにもなります。

†穴埋め式の記述

問2は空欄穴埋めの問題です。

> **問2**　空欄［ア］に当てはまる言葉を、要望の内容が具体的に分かるように、二十五字以内で書け（句読点を含む）。

これが設問です。本文で、**空欄ア**があるのは、「兼部規定の見直し」をめぐる会話文の議論のなかでした。こんなくだりです。

> **寺田**　はい、見直しの内容は、あくまで双方の顧問の許可があることを前提にした上での、条件の緩和です。これまで認められてこなかった［ア］という要望です。

「兼部」についての情報を、それまでの資料のなかから探さなければなりません。まず確認するのはやはり「生徒会部活動規約」です。その第8条に「原則として、一人の会員が複数の部に所属すること（兼部）は禁止する。ただし、体育部と文化部との兼部については、双方の顧問の了解が得られれば可能とする。」とあり、禁止と可能な条件が書き込まれていました。そして「体育部と文化部」をまたいだ兼部については「顧問の了解」のもとに許可されると書かれています。会話文の**空欄ア**の前後に目をやれば、「あくまで双方の顧問の許可があることを前提」にして、さらに条件の緩和が提唱されています。とすれば「体育部」と「文化部」をまたぐのではなく、それぞれのなかで複数の部活動に参加することが要望されているのだと類推できます。

大学入試センターによる正答例は複数出されています。

例1　体育部同士の兼部及び文化部同士の兼部を認めてほしい（二十五字）
例2　体育部と文化部間以外の兼部も認めてほしい（二十字）
例3　すべての部活動間における兼部を認めてほしい（二十一字）

同じことを指し示す言い回しは何通りかありますから、そのフレキシビリティを認めるのは当然のことです。その上でやはりいくつかの条件が課されます。

① 二十五字以内で書かれていること。
② 文末表現が「という要望」に適切に続くように書かれていること。
③ 「体育部同士及び文化部同士の兼部」（又は「体育部と文化部間以外の兼部」、「すべての部活動間での兼部」）ということが書かれていること。

以上の三条件がすべて満たされていなければなりません。さらに「なお、体育部・文化部の一方に限定したもの（例：「文化部について兼部を認める」）は正答としない」という但し書きがついていました。

二十五字以内という少ない文字数でもあり、この問2はかなり平易だといえます。必要な箇所をみつけて、現在の「規約」で「兼部」の可能な範囲を考え、それを消去すれば要望されている内容を推定することはできるでしょう。表現がスムーズに行くかどうかだけが問われるところになります。同じように公表された問2の正答率を見てみましょう。

条件①〜③のすべてを満たす（完全正答）　七三・五％
条件①と③、あるいは②と③のみ満たす　〇・〇％

条件③のみ満たす　　〇・〇％
上記以外の解答　　二三・四％
無解答　　三・〇％

圧倒的に正答を書いたものが多かったわけです。それはそうでしょう。クイズのような設問です。もちろん、これにも答えられなかった二五％近い高校生をどのように教育するのかは、大きな課題です。しかし、これだけ正答率が高いということは試験の質がよくないことを端的に表しています。問題文の種類は多く、読むのにかかる時間は取られる。それでいて設問は易しすぎることになっているのです。さて、やっかいなのは**問3**です。

†要素を組み合わせる

記述式問題の**問3**は、前に見たモデル問題例にもあったように、いくつかの条件に即して解答を作らせる形式の設問になっています。

> **問3**　空欄 イ について、ここで森さんは何と述べたと考えられるか。次の①〜④を満たすように書け。

① 二文構成で、八十字以上、百二十字以内で書くこと（句読点を含む）。なお、会話体にしなくてよい。
② 一文目は「確かに」という書き出しで、具体的な根拠を二点挙げて、部活動の終了時間の延長を提案することに対する基本的な立場を示すこと。
③ 二文目は「しかし」という書き出しで、部活動の終了時間を延長するという提案がどのように判断される可能性があるか、具体的な根拠と併せて示すこと。
④ ②・③について、それぞれの根拠はすべて【資料①】～【資料③】によること。

空欄イは「部活動の終了時間の延長」をめぐる議論の箇所にはさまれていました。時間延長については、多くの要望が生徒からあり、会話文の参加者も同様の発言をしています。周辺の「市内五校」の終了時間の調査もあり、延長は可能ではないかと議論が進みました。そこで「ちょっと待ってください」という森の発言が入り、検討する「課題」がさらにあると指摘がなされます。そこに**空欄イ**がきて、島崎委員長の「なるほど」という同意がなされるのです。延長をよしとしよう、しかし、こういう問題が発生する危険性がある、そうした要素を組み合わせて正答を作ることができればいいわけです。

センターが提示した正答がこれです。

確かに、部活動の終了時間の延長の要望は多く、市内に延長を認める高校も多いことから、延長を提案することは妥当である。しかし、通学路は道幅も狭い上に午後六時前後の交通量が特に多いため、安全確保に問題があり、延長は認められにくいのではないか。（百十八字）

延長への賛成の「根拠」となるのは生徒たちからの要望であり、他校との比較です。「しかし」以下は、**【資料③】**の後半にある「生徒指導担当の織田先生」の指摘を組み入れています。しかし、これは**【資料③】**にそのまま書いてあることです。問われるのは、正確に要素を組み合わせて文章にすることができるかどうか、それだけなのでしょうか。

正答の条件

正答例の条件は、「次の条件をすべて満たして解答している」こととした上で、次のようになっていました。

① 八十字以上、百二十字以内で書かれていること。

② 二文で書かれていること。
③ 一文目が「確かに」という書き出しで書かれており、かつ、それに続く文脈において、次の三つの内容がすべて書かれていること。
i 「部活動（の終了）時間の延長の要望が多い」ということ。
ii 「（市内に）部活動（の終了）時間の延長を認める高校も多い」ということ。
iii 部活動（の終了）時間の延長を「提案することは妥当である」ということ。
④ 「しかし」という書き出しで書かれており、かつ、それに続く文脈において、次の二つの内容がすべて書かれていること。
i 「（通学路の）安全確保に問題がある」ということ、「通学路は道幅も狭い上に午後六時前後の交通量が特に多い」ということのどちらかが書かれていること。なお、両方書かれていてもよい。
ii 部活動（の終了）時間の「延長は認められにくい」ということ。

要素の条件はかなり細かくなっています。それらを組み合わせれば一見、正答にたどりつくように思われますが、果たしてここまでいけるかどうか、はなはだ疑問です。五種類の資料を読み込んで、そこからこの設問に関連する情報を取捨選択し、必要な情報を組み合わせて正答を作る、これにはかなりの時間と訓練とが不可欠です。新しい「学習指導要領」ではそうした教育を行うから大丈夫だと言うのでしょうか。これまでこうした複数の資料の読み方や、組み合わせて考えるという学習を生徒たちはそれほどしてきていません。おそらく、そうしたことに取り組んできたのは、一部の私立高校で、卒業論文や課題発表を授業に組み入れたりしてきたユニークな学校くらいでしょう。生徒だけではありません。教師たちもそのような授業方法を身につけてきてはいません。だから、アクティブ・ラーニングなのだというのが、改革案の設計者たちの主張です。しかし、新規なことを強制的にやらせていく過程で、どれだけ多くの人たちが身につけることのむずかしい方法や技術に振り回されるか、そうした想像が欠けているように思われます。

なかでも、正答例で示された④のiiの要素、「延長は認められにくい」を入れてあることというのは、そのとおりの言葉でなければならないのでしょうか。たとえば「安全面の危惧を指摘される可能性が高い」というような書き方でもいいはずです。「延長に反対する先生が出てくる」もあり得ます。これに対して「延長は認められにくい」という言い方は、学校側の反応を予測した点で同じような言葉に見えますが、想定した事実を伝えるよりも予防的、抑制的なニュアンスを伝える言葉です。いわゆる「忖度」にあふれた言葉だと言ってもいいでしょう。会話文の最初の方で「ダンス部の新設」を提案し、「規約」に沿っていないとたしなめられた、いささか軽いノリの森くんらしからぬ空気を読んで配慮に満ちた発言となっています。

†失敗した設問

実際の正答率はどうだったでしょうか。

条件①～④のすべてを満たす（完全正答）	〇・七％
条件①または②だけを満たさず、その他は満たす	〇・一％
条件③または④だけを満たす	〇・〇％
条件③または④だけを満たさず、その他は満たす	一一・一％
上記以外の解答	八一・六％
無解答	六・六％

これはまたみごとに出題の失敗を突きつけられました。八一・六％の受験生は、この設問が何を問うているのかを把握することができず、作成者が求めていた解答とはまったく違う解答を書いたのです。多少なりとも点を得ることができたのは、全体の一一・九％に

過ぎません。他の全員がこの設問について零点となったのです。

ほんとうに生徒の「思考力・判断力・表現力」が問われるとしたら、この架空の高校の生徒会部活動委員会の執行部が延長問題にぶつかって、「それでは、どのように提案していけばいいか、みんなで考えましょう」と島崎委員長が発言したその後のことではないでしょうか。延長の希望と、安全面の考慮という矛盾をどう解きほぐすのか。答えのない問いにぶつかるから、初めて思考力が試されます。自由な発想や突飛なアイデアが突破口になるのもそのときです。「創造的に思考」することは「論理国語」に課されていたテーマでした。しかし、この記述式問題で問われているのは、複数の資料をまたいで、あちこちにちらばっている情報をひとまず集約する能力ではあるが、「創造的」な能力ではなかったのです。

†情報の取捨選択

情報の集約は確かに必要な能力の一つです。しかし、情報の集約はつねに現状の分析に終始します。エビデンスを示すことは重要ですが、それだけでは背景にある現実を動かすことは視野の外に追い出されてしまいます。この青原高等学校では、「生徒会部活動規約」が一種の「法」として機能しています。この「法」のもとに動かしていかなければならない、それが会話に参加しているメンバーの前提です。それはサンプル問題のときの城見市の「ガイドライン」と同じです。駐車場管理会社の契約書の場合は、業者と個人のあいだで結ばれます。これを約束した以上はそのルールに従わなければなりません。ただ、ルールの変更もありうる設定になっていて、その手続きが議論されますが、公共的に機能する社会的な「法」や「契約」の順守という前提は崩れていないのです。

果たして「国語」という教科は、社会的な「法」や「契約」をめぐる道徳や手続きを教えるものだったのでしょうか。記述式問題をめぐる見本が、サンプル問題の二問、プレテストの一問と、これまで公表された三問がいずれも同じ傾向をもつということをどう解釈したらいいのでしょうか。さまざまな記述式問題が想定できると思います。しかし、大学入試センターの提示した見本は、いずれも同一傾向、同一主題の方向に動いていました。論理的な思考や創造的な発想を問うというよりは、複雑な情報のなかから必要な情報を取捨選択することばかりを求めていたのです。

†作成者のイデオロギー

サンプル問題の一つは、景観保護によって行われる制約と住民の自由意志が対立的にとらえられ、公共による制約を優位に置いた上で、自由を生かす補助金の獲得へと促していました。いま一つは、民間企業による不当な運用に対しては、個人が契約書を盾に主張することの必要を唱えていました。プレテストでは、高校の生徒会を舞台に、生徒の要望と安全面の指導を対立させ、後者の重要性を指摘するところで終わっています。サンプル問題の二つ目が多少は異質に見えますが、これは民間業者と個人という「私」と「私」のあいだでの交渉を扱っているからで、その間で交わされる「契約」の絶対性は揺るぎません。

はしなくも、これらの複数の記述式問題は、作成者の思想（イデオロギー）を照らし出しているように思えます。それは現在の日本の政治・経済・社会によって規定されている「公共」の概念を絶対条件として受け入れようという意思です。しかし、言葉を学ぶということは、その範囲にとどまることではありません。「法」や「契約」といった社会的公共性を重視した著者のテクストを教材として掲載することに、――それが優れたテクストであるかぎりにおいて反対はしません。そのような考えの表明は重要です。しかし、社会的公共性はつねに歴史的なものであり、変化していくものでもあります。欠点もあるし、偏りもある。だから、そうした偏りある社会に合わせて生きることがつらい人々もいるでしょうし、軋轢も生じうるのです。そうした異なる考えがあることを表明し、意見をたたかわせることができて、初めて「社会に開かれた」教育になるはずです。しかし、無署名であることは作成者の「無意識」を鉄の意思として示すことなのです。それはみずからを

「公共性」の代表とし、全体に従うように表明することに等しいのではないでしょうか。

「国語」という教科は、「数学」や「英語」、「日本史」「世界史」「地理」などの地理歴史科、あるいは理科の各教科とも大きく異なっています。なぜ、国語の教科書は教材集という形態をとり、署名のある書き手たちのアンソロジーであったのか。そのことがあまりにも安易に忘れられているように思えてなりません。

第5章 プレテストの分析2——マークシート式問題

†苦しい命題

さて、プレテストのマークシート式問題を続けて見ていきましょう。

こちらは宇杉和夫「路地がまちの記憶をつなぐ」という文章の一節が問題文となっています。本文は、宇杉和夫・青木仁・井関和朗・岡本哲志編『まち路地再生のデザイン　路地に学ぶ生活空間の再生術』（彰国社　二〇一〇年）という本からです。そこに収録されている宇杉の「路地がまちの記憶をつなぐ」という論文から採用されていました。

この問題文はページのレイアウトを二段に分け、全体の四分の一が上段で、こちらに表や図を掲載し、残り四分の三を下段として本文を組んでいます。表は二つ、図は写真ふくめ五つも取り入れられています。つまり、これも複合型の問題文を見つけなければならないという大命題に応えるために、採用されたものだと考えられます。いささか長いですが、現物を見てみましょう。

> **第2問**　次の文章と図表は、宇杉和夫《うすぎかずお》「路地がまちの記憶をつなぐ」の一部である。これを読んで、後の問い（問1〜5）に答えよ。なお、表1、2及び図3については、文章中に「（表1）」などの記載はない。

近代空間システムと路地空間システム

訪れた都市の内部に触れたと感じるのは、まちの路地に触れたときである。そこには香りがあって、固有で特殊でありながら、かつどこかで体験したことのある記憶がよぎる。西欧の路地は建物と建物のすきまで、さまざまなはみ出しものがなく管理されている。路地と内部空間との結びつきは窓とドアにより単純である。日本の路地は敷地と敷地の間にあり、また建物と建物の間にあり、建物には出窓あり、掃き出し窓あり、縁あり庇あり、塀あり等、多様で複雑である。敷地の中にも建物の中にも路地（土間）はあった。

日本の路地空間には西欧の路地にはない自然性がある。物質としての自然、形成過程としての自然、の2つである。日本の坪庭[注1]を考えてみよう。やはり建物（4つの）に囲まれた坪庭の特徴はそこが砂や石や土と緑の自然の空間である。さらにその閉じた自然は床下を通って建物外部にもつながっている。日本の路地にも、坪庭のように全面的ではないが自然性が継承されている。また路地空間の特徴は、ある数戸が集まった居住建築の中で軒や縁や緑の重なった通行空間であることである。そこは通行空間であるが居住集合のウチの空間であり、その場所は生活境域としてのまとまりがあ

表1

	近代道路空間計画システム	路地空間システム（近代以前空間システム）
主体	クルマ・交通	人間・生活
背景	欧米近代志向	土着地域性
形成	人工物質・基準標準化	自然性・多様性・手づくり性
構造	機能・合理性・均質性	A機縁物語性・場所性・領域的
空間	B広域空間システム・ヒエラルキー	地域環境システム・固有性
効果	人間条件性・国際普遍性	人間ふれあい性・地域文化継承

る。ソトの空間から区切られているが通行空間としてつながるこの微妙な空間システムを継承するには物理的な仕組みの継承だけでなく、近隣コミュニティの中に相関的秩序があり、通行者もそれに対応できているシステムがある。

現在、近代に欧米から移入され、日本の近代の中で形成されてきた都市空間・建築空間システムが環境システムと併せて改めて問われている。しかし日本にもち込まれた近代は、明治開国まではその多くは東南アジア、東アジアで変質した近代西欧文化で融和性もあった。明治に至って急速な欧米文化導入の後の日本の近代の空間計画を見れば、路地空間、路地的空間システムは常に、大枠として近代の空間システムと対照的位置にあることが理解できる。近代の空間計画の特徴を産業技術発展と都市化と近代社会形成の主要3点につい

表2

	地形と集落の路地			
	低地の路地	台地の路地	地形の縁・境界	丘陵・山と路地
非区画型路地 （オモテウラ型） （クルドサック型）	水路と自由型	トオリとウラ道	山辺路地 崖縁路地 崖（堤）下路地 階段路地 行き当たり封鎖	丘上集 崖上路地 景観と眺望
区画型路地 （パッケージ型）	条里区画 条坊区画 近世町家区画 耕地整理 土地区画整理	条里区画 条坊区画 近世町家区画 耕地整理 土地区画整理		

てあげれば、その対照に路地空間の特徴をあげることは容易である。すなわち、路地的空間、路地的空間システムについて検討することは近代空間システムとは異なる地域に継承されてきた空間システムについて肯定的に検討することになる。

路地の形成とは記憶・持続である

路地的空間について述べる基本的な視座に、「道」「道路」の視座と「居住空間」の視座があり、どちらか片方を省くことはできない。道・道路は環境・居住空間の基本的な要素である。その環境・都市は人間を総体的に規定し、文化も個も環境の中から生まれてきた。行動を制約してしまう環境としての住宅と都市、その正しい環境、理想環境とは何かをどう問いかけるか。これが西欧の都市は古代以来明確であった。都市は神の秩序で、神と同じ形姿をもつ人間だけが自然の姿と都市の姿を生活空間として描くことができた。

これに対し、日本とアジアの都市の基本的性質である「非西欧都市」の形成を近代以前と近代に分けて、その形成経過を次の世代にどう説明・継承するのか、すなわちどう持続させていくのかが重要である。そして体験空間の形成・記憶の継承と路地的空間の持続はこの大事な現在の問題の骨格になり続けるものと考えることができる。この根本的な次元では現在の区画化された市街地形成のモデルだけでなく、その形成過程の記憶、原風景をも計画対象とすることが必要になっている。元来、日本の自然環境（自然景観）はアジアが共有する自然信仰の認識的な秩序の中にあった。日本のムラとマチは西欧と異なり、環境としての自然と一体的であり連続的関係であったのである。具体的には、周囲の（中心である）山と海に生活空間が深く結びついていた。結果として、路地は地形に深く結びついて継承されてきた。

まず、日本の道空間の原型・原風景は区画された街区にはないことを指摘したい。また「すべての道はローマに通ず」といわれ、ローマから拡大延長された西欧の道路空間と、日本の道空間は異なる。目的到着点をもつ参道型空間が基本であり、地域内の参道空間から折れ曲がって分かれ、より広域の次の参道空間に結びつく形式で、西

図1

◎参道型路地的空間
東京・神田の小祠《しょうし》には、その手前の街区に参道型路地的空間が発見できた

図2

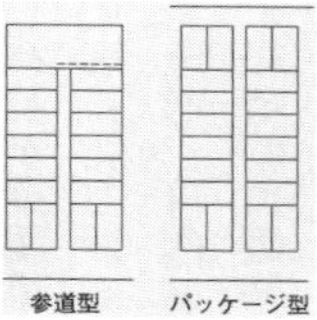

◎参道型路地的空間とパッケージ型路地空間
月島の通り抜け路地は典型的なパッケージ型路地である

図3

◎東京・江東区の街区形成と通り
自動車交通、駐車スペースにならずガランとした通りもある

欧の[注2]グリッド形式、放射形式の道路とは異なる（図1）。多くの日本のまちはこの参道空間の両側の店と住居とその裏側の空間からなり、その間に路地がある。これは城下町にも組み込まれてすきまとしての路地があるゆえに連続的、持続的であったと考えられるわけである。それによって面的に広がった計画的区画にある路地は同様のものが繰り返し連続するパッケージ型路地として前者の参道型路地、[注3]クルドサック型路地と区分できる（図2）。

この区画方形のグリッドの原型・原風景はどこか。ニューヨークはそのグリッド街路の原型をギリシャ都市に求め、近代世界の中心都市を目指した。アジアの都市にはそれとは異なる別の源流がある。日本の都市はこの区画街区に限らず、アジアの源流と欧米の源流の重複的形式の空間形成になっている。日本の路地は計画的な区画整形の中にあっても、そこに自然尊重の立場が基本にあり、その基盤となってきた。

日本にも西欧にも街区形式の歴史と継承がある。東京にも江戸から継承された街区がある。江東区の方形整形街区方式は掘割とともに形成された。(注4) 自由型の水路に沿った路地と同様、区画整形街区も水面に沿った路地と接して形成されてきた。この方形形式は震災復興区画整理事業でも、戦災後の復興計画でも継続された。ここは近代の、整形を基本とする市街地整備の典型となるものである。しかし、そこに理想とした成果・持続が確認できるであろうか(図4)。

東京の魅力ある市街地としては地形の複雑な山の手に評価がある。山の手では否応《いやおう》なく地形、自然が関連する。しかし区画整形の歴史がある江東区では、計画が機能的・経済的に短絡されてきた。その中で自然とのつながりをもつ居住区形成には、水面水路との計画的な配慮が必要だった。単に区画整形するだけでは魅力ある住宅市街地は形成されない。その計画的な配慮とは、第1に地区街区の歴史的な空間の記憶を人間スケールの空間にして継承する努力である。体験されてきた空間を誇りをもって継承する意思である。路地的空間の継承である。これらを合理的空間基準が変革対象としてきたことに問題がある。この新区画街区の傍らに、水資源活用から立地した工場敷地跡地が、水辺のオープンスペースと高層居住の眺望・景観を売りものに再開発

図4

◎東京・江東区の街区の中の路地
区画整理街区にも路地的空間がまちの特性をつくっている

図5

◎東京・墨田区向島の通り
向島の通り空間はカーブしてまちの特性となっている

されれば、住宅需要者の希望は超高層マンションに向かい、街区中層マンションが停滞するのは当然のことである。

この2タイプに対して、向島地区の路地的空間は街区型でもなく、開放高層居住空間でもなく、自然形成農道等からなる地域継承空間システムの文脈の中にある（図5）。そしてそこでもまた居住者の評価が高まってきている。本来、地域に継承されてきた空間システムであれば、それは計画検討課題になり、結果がよければビジョンの核にもなるものであった。ところが現実には、地域の継承空間システムは居住者の持続的居住欲求によって残り、また地域の原風景に対する一般人の希求・要求によって、結果として継承に至ったものが多く、計画的にはあくまで変革すべき対象であった経過がある。計画とはあくまで欧米空間への追随であった。また、この地域継承の路地空間システム居住地区においても駅前や北側背後に水面をもつ地区において高層マンションも含む再開発が進行している。しかし、この再開発も(注5)ル・コルビュジエの高層地区提案のように、地区を全面的に変革するものではなく、路地的空間との関係こそが計画のテーマとなる方法論が必要である。

路地的空間をもつ低層居住地区にするか、外部開放空間をもつ高層居住地区にするかといった二者択一ではなく、地域・地区の中で両空間モデルが補完・混成して成立するシステムが残っている。地域の原風景、村の原風景は都市を含めてあらゆる地域コミュニティの原点である。その村（集落）の原風景がほとんど消滅しているが、家並みと路地と共同空間からなる村とまちの原風景は、現在のストックの再建に至った時には、すべての近代空間計画地の再生にあたって、可能性を検討すべきである。都市居住にとっても路地はふれあいと場所の原風景である。近代化の中でこそ路地の原風景に特別の意味があったとすれば、それは日本の近代都市計画を継承する新たな時代の1つの原点にもなるべきものである。（宇杉和夫他『まち路地再生のデザイン――路地に学ぶ生活空間の再生術』による。なお、一部表記を改めたところがある。）

（注）1　坪庭――建物に囲まれた小さな庭。
2　グリッド――格子。
3　クルドサック――袋小路。
4　掘割――地面を掘って作った水路。江東区には掘割を埋め立てて道路を整備した箇所がある。

5　ル・コルビュジエ――スイス生まれの建築家（一八八七〜一九六五）。

†違和感のある問題文

さて、どうでしょうか。入試問題を見慣れている、作り慣れている、あるいはさまざまな過去問題を解いてきた体験者からすると、あれっと思うところがあるはずです。そう、問題文のなかに傍線部や波線部とか、あるいは空欄とかが一切ありません。傍線が引かれているのは、**表1**の「機縁物語性」と「広域空間システム」の二箇所だけなのです。

評論としてみた場合、この教材は、欧米に発展してきた建築や都市計画に見られる「近代空間システム」と、日本やアジアの「非西欧都市」に見られる「路地空間システム」の対比を論じた比較文化論の一つです。正直な感想を言えば、これは評論として読みやすい文章とは言えません。「システム」という言葉は、「近代空間システム」「路地空間システム」「都市空間・建築空間システム」「環境システム」「路地空間システム居住地区」「両空間モデルが補完・混成して成立するシステム」と多用され、かえって分かりにくくなっています。「日本の路地にも、坪庭のように全面的ではないが自然性が継承されている」という一節にある「自然性」という用語の使い方、「都市居住にとっても路地はふれあいと場所の原風景である」という言い方における「場所」という言葉の使い方などには違和感を覚えてしまいます。基本的には二項対立で組み立てられた文化論ですから、山崎正和による定番中の定番教材「水の東西」などにも共通する評論ですが、読みにくい文章をあえて選択したようにも見えます。表や図などが組み込まれていることから、この評論を選んだのでしょうか。

また、七年前の学術評論からの採用とは、微妙なところを突いています。アカデミックな世界から見れば、七年も経つと学問的な新鮮さはとうに失われたはずです。そうでなければ都市計画デザインをめぐるアカデミズムは停滞していたということになります。問題作成者はまず新しい評論を探します。なぜなら、過去の優れた評論は何らかのかたちで入学試験や模擬試験等で使用された可能性があるからです。作成後に、他の大学で使われていたとか、どこかの予備校の模擬試験で出たといった批判を浴びるのは好ましくありません。あえてチャレンジするという確信犯的な選択をするならばともかく、一般的には新しい評論を探すか、さもなければもっとずっと古いものにさかのぼるようにします。七年前とはそのどちらとも言いがたい。ということは問題文探しで相当に苦労したのだろうと思わざるを得ません。そうした苦労はすべて図や表のような文章以外の資料を加えることが必須条件であったためなのでしょう。

ただ、表1にしても表2にしても、情報量がきわめて多く、しかも用語の特異さがことに目立ちます。表1では、「構造」の行で「機能・合理性・均質性」と「機縁物語性・場所性・領域的」という対比がなされています。「合理性・均質性」とあるのは分かりますが、その前に「機能」とだけあるのはどういうことなのでしょう。「機能性」ではなく、ただ「機能」なのです。「機縁物語性・場所性」にも違和感がありますが、それ以上に「領域的」と来るのはなぜなのでしょうか。「効果」の行の「人間条件性・国際普遍性」に対する「人間ふれあい性・地域文化継承」というコントラストもまったく言葉の繊細さに欠けていて抽象的です。表2は、ほとんど設問に関わらないのですが、そこにある「条里区画」「条坊区画」「行き当たり封鎖」「丘上集」などの語句はどういう対象を指す言葉なのか、注記もないのははなはだ不親切だと言わざるを得ません。もし、この評論を高校の「国語」の教科書に収録して、文科省に検定申請をしたら、教科書調査官から必ずお小言を頂戴し、修正指示が出ることでしょう。「この教材でなければなりませんか?」「編集のしかたが雑です」。そんなコメントを私たちは何度も文科省の一室で聞かされました。この問題作成者が問題文の引用と編集の方法においても弱点を抱え、無理して作っているのは明らかです。

†意図不明の問い

実際に設問を見ていくと、問1も問2、問3も、表や図に出てくる語句の説明を、下段の本文からまとめることを尋ねています。

問1　文章全体の内容に照らした場合、表1の傍線部A・Bはそれぞれどのように説明できるか。最も適当なものを、次の各群の①～⑤のうちから、それぞれ一つずつ選べ。

A　機縁物語性
① 通行空間に緑を配置し、自然の大切さを認識できる環境に優しい構造。
② 生活者のコミュニティが成立し、通行者もそこに参入できる開放的な構造。
③ 生活環境としてまとまりがあり、外部と遮断された自立的な構造。
④ ウチとソトの空間に応じて人間関係が変容するような、劇的な構造。
⑤ 通行空間から切り離すことで、生活空間の歴史や記憶を継承する構造。

B　広域空間システム

① 中心都市を基点として拡大延長された合理的空間システム。
② 区画整理されながらも原風景を残した近代的空間システム。
③ 近代化以前のアジア的空間と融合した欧米的空間システム。
④ 産業技術によって地形を平らに整備した均質的空間システム。
⑤ 居住空間を減らして交通空間を優先した機能的空間システム。

Aの正答は②、Bの正答は①とされています。たしかにAは②以外にはないだろうと思いますが、それはこの評論全体を読んで、二項対立の図式に切り分けたらという想定によるものです。「機縁物語性」という語句から考えられる意味とはまったく異なります。この耳慣れない語句の意味を想像するとしたら、何らかの「機縁」によって「物語」が発生しやすい状況とか環境を指すというくらいでしょうか。かなり、この論文の書き手による恣意的な命名と言ってもいいかもしれません。「広域空間システム」についても、語句は茫漠としていますが、評論全体を読めば分かるという解答方法になるのですが、それより以前に、選択肢のなかでほぼ絞り込めてしまう問いになっていました。

†無理矢理にまたぐ

問2は「図2の『パッケージ型』と『参道型』の路地の説明として最も適当なものを、次の①〜⑤のうちから一つ選べ。」というもので、ここでも図2に抽象された対立語彙を本文に照らし合わせて整理するという問いでした。選択肢はこのようになっていました。

① パッケージ型の路地とは、近代道路空間計画システムによって区画化された車優先の路地のことであり、参道型の路地とは、アジアの自然信仰に基づいた、手つかずの自然を残した原始的な路地を指す。

② パッケージ型の路地とは、区画整理された路地が反復的に拡張された路地のことであり、参道型の路地とは、通り抜けできない目的到着点をもち、折れ曲がって持続的に広がる、城下町にあるような路地を指す。

③ パッケージ型の路地とは、ローマのような中心都市から拡大延長され一元化された路地のことであり、参道型の路地とは、祠《ほこら》のような複数の目的到達地点によって独自性を競い合うような日本的な路地を指す。

④ パッケージ型の路地とは、ギリシャの都市をモデルに発展してきた同心円状の幾

何学的路地のことであり、参道型の路地とは、通行空間と居住空間が混然一体となって秩序を失ったアジア的な路地を指す。

⑤　パッケージ型の路地とは、通り抜けできる路地と通り抜けできない路地が繰り返し連続する路地のことであり、参道型の路地とは、他の路地と連続的、持続的に広がる迷路のような路地を指す。

選択肢は誤答作りがなかなかむずかしいものです。この五つを比べてみても、①と④、⑤はまったく外れていることが分かります。本文でまったく言われていないことが正解になるはずがありません。となると、正答は②か③かのどちらかになります。

この図2の近くの本文を読み返すと、「多くの日本のまちはこの参道空間の両側の店と住居とその裏側の空間からなり、その間に路地がある。これは城下町にも組み込まれてすきまとしての路地があるゆえに連続的、持続的であったと考えられるわけである。それによって面的に広がった計画的区画にある路地は同様のものが繰り返し連続するパッケージ型路地として前者の参道型路地、クルドサック型路地と区分できる」という一節が見つかります。ここで「参道空間」は「城下町」と結びつけられています。同じく「パッケージ型路地」について「同様のものが繰り返し連続する」と書かれています。「同様のもの」

というのは「面的に広がった計画的区画」のことですから、②の「区画整理された路地が反復的に拡張」という要素と合致します。二つの要素が重なれば、まずは正答と考えてい い。実際に正答は②となっていました。

ただ、腑に落ちないのは、このとき図2を参照して「パッケージ型」と「参道型」に注意を向ける必要が果たしてあったのでしょうか。その概念は本文のなかでも使われています。**図2**がなくとも、同じことは本文から発問することができるし、本文のなかからだけで正答にたどり着くこともできます。つまり、図や表など複数の資料をまたいでの設問という課題は、ここでは目くらましにしかなっていません。ごく一般的に、本文の「パッケージ型」と「参道型」に記号と傍線を付して、その意味するところを尋ねるだけで十分なのです。

†写真を読む?

問3になると、意外なことに気づきます。この設問は上段に掲載されている図(写真)とそのキャプションを見ながら、図の説明としてふさわしい選択肢を見つけることを求めています。しかし、この小さな写真から解釈を施すのはかなりむずかしいのです。実際の試験問題でも、写真の大きさは天地3センチメートルほどですから、掲載した写真のおよそ一・四倍程度です。

問3　図3の江東区の一画は、どのように整備された例として挙げられているか。その説明として最も適当なものを、次の①〜⑤のうちから一つ選べ。

① 街区の一部を区画整理し、江戸の歴史的な町並みを残しつつ複合的な近代の空間に整備された例。

② 区画整理の歴史的な蓄積を生かし、人間スケールの空間的記憶とその継承を重視して整備された例。

③ 江戸から継承された水路を埋め立て、自動車交通に配慮した機能的な近代の空間に整備された例。

④ 掘割や水路を大規模に埋め立て、オープンスペースと眺望・景観を売りものにして整備された例。

⑤ 複雑な地形が連続している地の利を生かし、江戸期の掘割や水路に沿った区画に整備された例。

これがなかなかむずかしい。発表された正答は③とされています。しかし、この写真から「江戸から継承された水路を埋め立て」たかどうかは判別できません。江東区の写真だというキャプションと、本文中の「江東区の方形整形街区方式は掘割とともに形成された。

自由型の水路に沿った路地と同様、区画整形街区も水面に沿った路地と接して形成されてきた」という一節から類推し、「自動車交通、駐車スペースにならずガランとした通りもある」という図のキャプションとの総合判断になるのでしょう。しかし、このキャプションをどう読むかも一苦労です。「自動車交通、駐車スペースにならず」と言っているので、「江東区の方形整形街」の区画整理は必ずしも目的とした自動車等の交通網のために成功していないということでもあります。整備したにもかかわらず「ガランとした」通りであることは「自動車交通に配慮した機能的な近代の空間」とだけですますことはできないはずで、写真の図とキャプションは実は有効に関わっていないことにこそ注目しなければなりません。またしても、資料の複合はうまく行っていないのです。

しかも、この文章の収録されている書籍を確認したところ、図3にあたるのは、出典となる単行本の六〇ページの図22にあたります。ところが、単行本の本文では、図21（問題文の図2）と図23（問題文の図4）を参照するよう注記されている箇所はありますが、図22への言及はないのです。特に必要がないと判断したか、著者が忘れて落としてしまった可能性もゼロではありません。意図的に落としたとすれば、それほど重要性の高い図ではなかったということにもなります。ということは、この設問自体、かなり解釈の必要性の薄い箇所を扱っているということでもあるのです。

†問題作成の方針を見直すべき

少なくとも、これまで試験問題を作成するとき、多くの「国語」科の高校教員、あるいは大学教員は、この問題文を読んでほしいという思いをもって問題文を選んできました。設問作成にあたっては、どのような順番で読み解くのがふさわしいか、このテクストの最良の部分を理解させるにはどのような問いが適当であるかに顧慮しながら、与えられた条件のなかでベストを尽くしてきました。おそらくは、このプレテストの作成者も同じような意思でのぞんだでしょう。しかし、与えられた条件はあまりにハードルが高く、困難をきわめたのだと推測するしかありません。選ばれた問題文にも不幸ですし、著者も気の毒ですし、作成者も不幸です。前提となる条件が間違っているのではないでしょうか。

> **問4**　「路地空間」・「路地的空間」はどのような生活空間と捉えられるか。文章全体に即したまとめとして適当なものを、次の①〜⑥のうちから二つ選べ。
>
> **問5**　まちづくりにおける「路地的空間」の長所と短所について、緊急時や災害時の対応の観点を加えて議論した場合、文章全体を踏まえて成り立つ意見はどれか。最も適当なものを、次の①〜⑤のうちから一つ選べ。

問4と問5は、問いのところのみ引用しました。並べてみてわかるように、どちらも「路地空間」「路地的空間」をめぐる問いです。一方は「どのような生活空間と捉えられるか」、他方は「緊急時や災害時の対応の観点」を踏まえた「長所と短所」を尋ねています。しかし、基本は同じです。反対に問5の選択肢は三行にも及んでいます。その差はありますが、同種類の設問です。これはあまり意味がありません。

問4の正答は二つで、「② 地形に基づいて形成された生活空間」と「⑥ 土地の記憶を保持している生活空間」となっていました。問5の正答は、「③ 豊かな自然や懐かしい風景が残存している路地的空間は、持続的に住みたいと思わせる生活空間であり、相互扶助のコミュニティが形成されやすいという長所がある。一方、計画的な区画整理がなされていないために、災害時には、緊急車両の進入を妨げたり住民の避難を困難にしたりする短所がある」という長いものでした。選択肢の文章が長くなるのは、複雑な要素の組み合わせが多くなりますから、判断に迷うことになり、結果的に悪問になる危険性が高いものです。どの選択肢もほとんど同じようなことを言っているように見えますが、文章のなかでふれられていない要素を組み入れている場合は誤答というように除いていくほかありません。しかし、正答である選択肢の「豊かな自然や懐かしい風景が残存している路地的空間」という部分は、問4の正答二つを組み合わせたものでもあることが分かるでしょう。自然地形の利用と、記憶や懐かしさに言及した選択肢は他にありません。問4ができれば、おのずから問5の正答率も高くなる。こうした正答同士に関連性の強い設問を並べることは好ましいことではありません。評論文を扱ったこの第2問は全体に稚拙と言われてもしかたないところがあると思います。

プレテストは、今後の「大学入学共通テスト」に向けた受験生たちの勉強の素材でもあります。しかし、これでは手本たりえない。問題作成方針の見直しは避けられないと思います。

†小説からの出題

第3問は、小説を題材にした問題です。どうやら文学が不当な扱いをされそうななかで、どのような出題がなされたか、注目してみましょう。

> **第3問** 次の文章は、複数の作家による『捨てる』という題の作品集に収録されている光原百合《みつはらゆり》の小説「ツバメたち」の全文である。この文章を読んで、後の問い（問1〜5）に答えよ。

材料となったのは光原百合「ツバメたち」という掌篇です。これはリード文にもあるように、『捨てる』という作品集（文藝春秋 二〇一五年）から採られています。柴田よしき・大崎梢・光原百合・福田和代・松村比呂美・近藤史恵・永嶋恵美・篠田真由美・新津きよみといった九人の女性作家たちの書き下ろしアンソロジーです。光原百合は『十八の夏』という短編で第五五回日本推理作家協会賞（短編部門）を受賞している作家で、このアンソロジーには四つの掌篇を寄せていました。その一つが「ツバメたち」なのです。

〈一羽のツバメが渡りの旅の途中で立ち寄った町で、「幸福な王子」と呼ばれる像と仲良くなった。王子は町の貧しい人々の暮らしぶりをツバメから聞いて心を痛め、自分の体から宝石や金箔《きんぱく》を外して配るよう頼む。冬が近づいても王子の願いを果たすためにその町にとどまっていたツバメは、ついに凍え死んでしまった。それを知った王子の心臓は張り裂けた。金箔をはがされてみすぼらしい姿になった王子の像は溶かされてしまうが、二つに割れた心臓だけはどうしても溶けなかった。ツバメの死骸と王子の心臓は、ともにゴミ捨て場に捨てられた。その夜、「あの町からもっとも尊いものを二つ持ってきなさい」と神に命じられた天使が降りてきて、ツバメと王子の心臓を抱き、天国へと持ち帰ったのだった。

〈オスカー・ワイルド作「幸福な王子」より〉

A遅れてその町にやってきた若者は、なんとも風変わりだった。

つやのある黒い羽に敏捷《びんしょう》な身のこなし、実に見た目のいい若者だったから、南の国にわたる前、最後の骨休めをしながら翼の力をたくわえているあたしたちの群れに、問題なく受け入れられた。あたしの友だちの中にも彼に興味を示すものは何羽もいた。でも、彼がいつも夢のようなことばかり語るものだから——今まで見てきた北の土地について、これから飛んでいく南の国について、遠くを見るようなまなざしで語るばかりだったから、みんなそのうち興味をなくしてしまった。来年、一緒に巣をこしらえて子どもを育てる連れ合いには、そこらを飛んでいる虫を素早く見つけてたくさんつかまえてくれる若者がふさわしい。遠くを見るまなざしなど必要ない。

とはいえ嫌われるほどのことではないし、厳しい渡りの旅をともにする仲間は多いに越したことはないので、彼はあたしたちとそのまま一緒に過ごしていた。

そんな彼が翼繁《しげ》く通っていたのが、丘の上に立つ像のところだった。早くに死んでしまった身分の高い人間、「王子《プリンス》」と人間たちは呼んでいたが、その姿に似せて作った像だということだ。遠くからでもきらきら光っているのは、全身に金が貼ってあって、たいそう高価な宝石も使われているからだという。あたしたちには金も宝石も用はないが。

人間たちはこの像をひどく大切にしているようで、何かといえばそのまわりに集まって、列を作って歩くやら歌うやら踊るやら、(ア)ギョウギョウしく騒いでいた。

彼はその像の肩にとまって、あれこれとおしゃべりするのが好きなようだった。王子の像も嬉《うれ》しそうに応じていた。

「一体何を、あんなに楽しそうに話しているの？」

彼にそう聞いてみたことがある。

「僕の見てきた北の土地や、まだ見ていないけれど話に聞く南の国のことをね。あの方はお気の毒に、人間として生きていらした間も、身分が高いせいでいつもお城の中で守られていて、そう簡単にはよその土地に行けなかったんだ。憧れていた遠い場所の話を聞けるのが、とても嬉しいと言ってくださってる」

「そりゃよかったわね」

あたしたちには興味のない遠い土地の話が、身分の高いお方とやらには嬉しいのだろう。誇らしげに話す彼の様子が腹立たしく、あたしはさっさと朝食の虫を捕まえに飛び立った。

　やがて彼が、王子と話すだけでなく、そこから何かをくわえて飛び立って、町のあちこちに飛んでいく姿をよく見かけるようになった。南への旅立ちも近いというのに一体何をしているのか、あたしには不思議でならなかった。


　風は日増しに冷たくなっていた。あたしたちの群れの長老が旅立ちの日を決めたが、それを聞いた彼は、自分は行かない、と答えたらしい。自分に構わず発《た》ってくれと。仲間たちは皆、彼のことは放っておけと言ったが、あたしは気になった。いよいよ明日は渡りに発つという日、あたしは彼をつかまえ、逃げられないよう足を踏んづけておいてから聞いた。ここで何をしているのか、なにをするつもりなのか。

　彼はあたしの方は見ずに、丘の上の王子の像を遠く眺めながら答えた。

「僕はあの方を飾っている宝石を外して、それから体に貼ってある金箔をはがして、貧しい人たちに持って行っているんだ。あの方に頼まれたからだ。あの方は、この町の貧しい人たちが食べ物も薪《まき》も薬も買えずに苦しんでいることを、ひどく気にしておられる。こんな悲しいことを黙って見ていることはできない、けれどご自分は台座から降りられない。だから僕にお頼みになった。僕が宝石や金箔を届けたら、おなかをすかせた若者がパンを、凍える子どもが薪を、病気の年寄りが薬を買うことができるんだ」

あたしにはよくわからなかった。

「どうしてあなたが、それをするの？」

「誰かがしなければならないから」

「だけど、どうしてあなたが、その『誰か』なの？　なぜあなたがしなければならないの？　ここにいたのでは、長く生きられないわよ」

あたしは重ねて聞いた。彼は馬鹿にしたような目で、ちらっとあたしを見た。

「君なんかには、僕らのやっていることの尊さはBわからないさ」

腹が立ったあたしは「勝手にすれば」と言って、足をのけた。彼ははばたいて丘の上へと飛んで行った。あたしはそれをただ見送った。

長い長い渡りの旅を終え、あたしたちは南の海辺の町に着いた。あたしは数日の間、海を見下ろす木の枝にとまって、沖のほうを眺めていた。彼が遅れて飛んで来はしないかと思ったのだ。しかし彼が現れることはなく、やがて嵐がやって来て、数日の間海を閉ざした。

この嵐は冬の(イ)トウライを告げるもので、北の町はもう、あたしたちには生きていけない寒さになったはずだと、年かさのツバメたちが話していた。

彼もきっと、もう死んでしまっているだろう。

彼はなぜ、あの町に残ったのだろうか。貧しい人たちを救うため、自分ではそう思っていただろう。あたしなどにはそんな志はわからないのだと。でも本当のところは、大好きな王子の喜ぶ顔を見たかっただけではないか。

そうして王子はなぜ、彼に使いを頼んだのだろう。貧しい人たちを救うため、自分ではそう思っていただろう。でも……。

まあいい。どうせあたしにはCわからない、どうでもいいことだ。春になればあたしたちは、また北の土地に帰っていく。あたしはそこで、彼のような遠くを見るまなざしなど持たず、近くの虫を見つけてせっせとつかまえ、子どもたちを一緒に育ててくれる若者とショ(ウ)タイを持つことだろう。

それでも、もしまた渡りの前にあの町に寄って「幸福な王子」の像を見たら、聞いてしまうかもしれない。

あなたはただ、自分がまとっていた重いものを、捨てたかっただけではありませんか。そして、命を捨てても自分の傍《そば》にいたいと思う者がただひとり、いてくれればいいと思ったのではありませんか――と。

（光原百合他『捨てる』による。）

問題文では、オスカー・ワイルドの童話「幸福な王子」の要約がまず掲げられています。そのあとにこの話をもとに創作された雌のツバメの視点で語られる物語がついているのです。ここでも複合型の問題文が要求されたのでしょう。そこで、過去の童話をもとに作られた一種の二次創作であるこの短篇小説が選ばれることになったと思われます。もちろん、小説で複合型の設問を作り上げるのはかなりの高難度ですから、苦肉の策とはいえ、作成者は新しい小説で何とか要望に応えるものを見出だしたと安堵したことでしょう。

†奮闘する設問

問1は一般的な漢字の設問です。(ア)「ギョウギョウしく」の「ギョウ」、(イ)「トウライ」の「トウ」、(ウ)「ショタイを持つ」の「タイ」の漢字を考え、それと同じ漢字を用いる語句を探すという設問になっています。(ア)は「①会社のギョウセキを掲載する　②クギョウに耐える　③思いをギョウシュクした言葉　④イギョウの鬼　⑤ギョウテンするニュース」の選択肢から、(イ)は「①孤軍フントウ　②本末テントウ　③トウイ即妙　④用意シュウトウ　⑤不偏フトウ」の選択肢から、(ウ)は「①アクタイをつく　②新たな勢力のタイト

ウ　③タイマンなプレー　④家庭のアンタイを願う　⑤秘書をタイドウする」の選択肢から一つを選びます。漢字の問題というのは意外に作成する側にとっても楽しい作業の一つです。もとの語句と一見、結びつかないような語句で正解を作ることができると、漢字の幅広さを実感させられます。ここでは(ア)は⑤、(イ)は④、(ウ)は⑤が正解となります。同じ漢字を使う言葉でもだいぶ異なる語句を入れて、ひそかに満足している作成者の顔が浮かぶようです。

問2は、語句の文脈上の説明を問う設問です。

> **問2**　傍線部A「遅れてその町にやってきた若者は、なんとも風変わりだった。」にある「若者」の「風変わり」な点について説明する場合、本文中の波線を引いた四つの文のうち、どの文を根拠にするべきか。最も適当なものを、次の①〜④のうちから一つ選べ。

傍線部Aは、「幸福な王子」の要約のあと、小説の始まりにある一文です。波線部分がだいぶ長く多いので、少し目ざわりで読みにくいほどだと思った箇所です。この四つの文に①から④までの番号がつけられ、「風変わり」であることの説明になっているのはどれかと問うているのです。一読すればすぐ分かる平易な設問です。もちろん、正答は三つ目の「でも、彼がいつも夢のようなことばかり語るものだから——今まで見てきた北の土地について、これから飛んでいく南の国について、遠くを見るようなまなざしで語るばかりだったから、みんなそのうち興味をなくしてしまった。」になります。これらの設問はこれまでの試験問題と変わらないし、まずまず工夫もされた設問と言えるでしょう。

†小説の文脈を踏まえて

問3は若い雄のツバメが発した「わからないさ」と、語り手となる雌のツバメの「わからない」という二つの「わからない」を対象に、同じ言葉を用いて、二つの存在のそれぞれの「思い」の違いを浮かび上がらせようという設問で、このプレテスト全体のなかでももっとも興味深い設問になっています。

> 問3　傍線部B「わからないさ」及び傍線部C「わからない」について、「彼」と「あたし」はそれぞれどのような思いを抱いていたか。その説明として最も適当なものを、傍線部Bについては次の【Ⅰ群】の①〜③のうちから、傍線部Cについては後の【Ⅱ群】の①〜③のうちから、それぞれ一つずつ選べ。

【Ⅰ群】

① 南の土地に渡って子孫を残すというツバメとしての生き方に固執し、生活の苦しさから救われようと「王子」の像にすがる町の人々の悲痛な思いを理解しない「あたし」の利己的な態度に、軽蔑の感情を隠しきれない。

② 町の貧しい人たちを救おうとする「王子」と、命をなげうってそれを手伝う自分を理解するどころか、その行動を自己陶酔だと厳しく批判する「あたし」に、これ以上踏み込まれたくないと嫌気がさしている。

③ 群れの足並みを乱させまいとどう喝する「あたし」が、暴力的な振る舞いに頼るばかりで、「王子」の行いをどれほど熱心に説明しても理解しようとする態度を見せないことに、裏切られた思いを抱き、失望している。

【Ⅱ群】

① 「王子」の像を金や宝石によって飾り、祭り上げる人間の態度は、ツバメである「あたし」にとっては理解できないものであり、そうした「王子」に生命をかけて尽くしている「彼」のこともまたいまだに理解しがたく感じている。

② 無謀な行動に突き進んでいこうとする「彼」を救い出す言葉を持たず、暴力的な振る舞いでかえって「彼」を突き放してしまったことを悔い、これから先の生

活にもその後悔がついて回ることを恐れている。

③　貧しい人たちを救うためというより、「王子」に尽くすためだけに「彼」は行動しているに過ぎないと思っているが、「彼」自身の拒絶によってふたりの関係に介入することもできず、割り切れない思いを抱えている。

正答は【Ⅰ群】が②、【Ⅱ群】が③です。

小説というジャンルの強みは、仮に語り手自身が登場人物となる一人称の小説であったとしても、登場する複数の人物の会話をはさむことによって、語り手の主観だけではとらえきれない他者の思いや意識、無意識を描き出せるところにあります。会話とは「他者の言葉」なのだというのは、ロシアの文芸学者ミハイル・バフチンの言葉ですが、誰かが繰り出した会話の言葉がときに「わたし」をおびやかし、ときにリフレインのようになって「わたし」の口からも発せられます。しかし、そのとき発せられた言葉は同じ意味ではなくなっています。こうした差異を見出だすように促すことは、優れて小説の解読へと導いていくことになります。さらに同じ言葉を用いながらもまったく違う意味になってしまう、現実のこの社会でしばしば見られる「言語活動」への思慮深いまなざしを生むことにもなるでしょう。小説を読むとは、本来こうしたことではなかったでしょうか。

しかし、こうした繊細な読み方は、ふたたび与えられた課題への対応にかき消されていきます。

†要請に応える

> **問4** この小説は、オスカー・ワイルド「幸福な王子」のあらすじの記載から始まっている。この箇所（X）とその後の文章（Y）との関係はどのようなものか。その説明として適当なものを、次の①〜⑥のうちから二つ選べ。

問4は、「幸福な王子」のあらすじ部分を「X」、それ以後の創作部分を「Y」として、構成上の両者の関係を尋ねるという、かなり高度な設問になっています。この①から⑥の選択肢も、三行に及ぶボリュームになっていて、受験生のハードルをあげています。先にも述べたように長くなればなるほど、選択肢の違いを読み取るのに時間がかかるからです。正答は二つ、②と⑥とされています。その内容を見てみましょう。

> ② Xの「王子」と「一羽のツバメ」の自己犠牲は、人々からは認められなかったも

のの、最終的には神によってその崇高さを保証される。Yでも、献身的な「王子」に「彼」が命を捨てて仕えただろうことが暗示されるが、その理由はいずれも、「あたし」によって、個人的な願望に基づくものへと読み替えられている。

⑥　Xでは、貧しい人々に分け与えるために宝石や金箔を外すという「王子」の自己犠牲的な行為は、「一羽のツバメ」の献身とともに賞賛されている。それに対して、Yでは、「王子」が命を捧げるように「彼」に求めつつ、自らは社会的な役割から逃れたいと望んでいるとして、捨てるという行為の意味が読み替えられている。

これはどちらも、問題文の文末にある「あなたはただ、自分がまとっていた重いものを、捨てたかっただけではありませんか。そして、命を捨てても自分の傍にいたいと思う者がただひとり、いてくれればいいと思ったのではありませんか——と」という結びから導き出された解答です。②は、崇高な行為ではなく「個人的な願望に基づくもの」という読み替え、⑥は、「捨てるという行為の意味」の読み替えというふうに。要素はほぼ同じで、読み替えの内容だけが違っています。二つの正答というには類似した選択肢で、かなり苦しい設問です。

これはオスカー・ワイルドの「幸福の王子」に対して、作者はどのような読み替えをしたかという、もっとストレートな問いかけにした方がよさそうです。プレテクストがあり、それに対して書き換えた新たなテクストが現れる、異なるテクスト同士の敬意と批評の関係を読み取るならば、そうした設問で十分なはずです。にもかかわらず、XとYというふうに文章のかたまりとして情報化し、関係を読ませる設問にしているのは、複数の資料をまたがった問いを用意しなければならないという条件から来ているのでしょう。要請の枠組みが設問をややこしくし、煩雑なものに変えてしまっているのです。

†問いの重複

問5　次の【Ⅰ群】のa～cの構成や表現に関する説明として最も適当なものを、後の【Ⅱ群】の①～⑥のうちから、それぞれ一つずつ選べ。

【Ⅰ群】

a　1～7行目のオスカー・ワイルド作「幸福な王子」の記載
b　12行目「彼がいつも夢のようなことばかり語るものだから――」の「――」
c　56行目以降の「あたし」のモノローグ（独白）

【Ⅱ群】

① 最終場面における物語の出来事の時間と、それを語っている「あたし」の現在時とのずれが強調されている。

② 「彼」の性質を端的に示した後で具体的な例が重ねられ、その性質に注釈が加えられている。

③ 断定的な表現を避け、言いよどむことで、「あたし」が「彼」に対して抱く不可解さが強調されている。

④ 「王子」の像も人々に見捨てられるという、「あたし」にも想像できなかった展開が示唆されている。

⑤ 「あたし」の、「王子」や「彼」の行動や思いに対して揺れる複雑な心情が示唆されている。

⑥ 自問自答を積み重ねる「あたし」の内面的な成長を示唆する視点が加えられている。

問5も、いささか珍しい設問です。実際の試験問題には行数を示す数字が記されていますが、本書では省略しました。ここでは三つのパートの「構成や表現」が問われています。

aは「幸福な王子」のあらすじ部分の記載について、bは本書の二一三ページ六行目の「――」で示される言外の意味が問われています。cは本書の二一六ページ一二行目以降の「あたし」のモノローグについてです。発表された正答は、aは④、bは②、cは⑤となっています。三つの問いをくり出しているのですが、選択肢は六つ。「構成や表現」の特徴を質問するのはもちろんいいことですが、小説問題の最後の設問としては物足りない思いが残ります。

たとえば、aの設問は問4の設問とかぶっていることが明らかです。問4はパートとパートの関係を尋ねていて、問5は「構成や表現」を尋ねているのだと言えば言えますが、問4の正答が問5のaの正答にもなることは間違いありません。ここでは原作にある王子の像も民衆に「見捨てられる」ことに注意を促しているのは分かりますが、問4と一体となって答えさせるべき問題です。このアンソロジーの鍵を握るのは「捨てる」という言葉です。まさに「見捨てられる」王子の神格化に対して、生活者としての視力を維持する「あたし」は、正義派こそ社会的な重い役割を「捨て」たいという願望を秘かに抱いていたのではないかと疑います。偽善に対するなかなか鋭い突っ込みが入っているのです。cのように問うて⑤のように「揺れる複雑な心情」とまとめてしまうのはもったいない。ここには、もっと残酷なまなざしと、生きる上でのリアリズムが色濃く出ているように思います。bの問いにしても問2と内容的に重複してしまっています。

このように小説をめぐる出題も複数の「資料」をまたいで設問を用意しなければならないという要請によって、なかなかの苦戦を強いられています。サンプル問題で示されたのは、短歌の鑑賞をめぐる問題文でした。こちらは評論文であるだけに、複数の「資料」の採用も不可能ではなかったのでしょうが、こと小説となったらそうはいきません。小説と評論の組み合わせといっても、試験問題にふさわしい適度な分量で切り取るのはかなりの困難が予測されます。おそらく、要望をすべてかなえるような試験問題の作成はすぐに大きな壁にぶつかることでしょう。大学入試センターで英知を集めた結果がこのとおりです。サンプルの試験問題が困難であるならば、全国の高等学校で展開される定期試験や実力試験でも苦しいことになるのは目に見えています。実現の可能性と持続の可能性のきわめて薄い試みに、大学入試センターは無理やりチャレンジしているのではないでしょうか。

†混乱する古文

最後にプレテストの古典問題を見てみましょう。

先にサンプル問題で、『平家物語』の「忠度都落」が採り上げられ、あわせて黒澤・竹内の『心にグッとくる日本の古典』からその一部が載っていたのを見ました。そこでは

「忠度都落」の古文読解に関する設問はわずかに二つしかなく、あとは文学史からの出題、他は『心にグッとくる日本の古典』の対話文から出題されるという、古典軽視の方針が示されていました。当然ながら、こうしたサンプル問題を見ながら、プレテストの作成者たちも考えたのでしょう。結果的に古典の問題ではその反動が起きました。今度は、あまりにもむずかしい問題文を作り上げたのです。第4問のリード文を見てみましょう。

第4問 『源氏物語』は書き写す人の考え方によって本文に違いが生じ、その結果、本によって表現が異なっている。次の**【文章Ⅰ】**と**【文章Ⅱ】**は、ともに『源氏物語』（桐壺《きりつぼ》の巻）の一節で、最愛の后《きさき》である桐壺の更衣《こうい》を失った帝《みかど》のもとに、更衣の母から故人の形見の品々が届けられた場面である。**【文章Ⅰ】**は藤原定家が整えた本文に基づき、**【文章Ⅱ】**は源光行《みつゆき》・親行親子《ちかゆき》が整えた本文に基づいている。また、**【文章Ⅲ】**は源親行によって書かれた『原中最秘抄《げんちゅうさいひしょう》』の一節で、**【文章Ⅱ】**のように本文を整えたときの逸話を記している。**【文章Ⅰ】**〜**【文章Ⅲ】**を読んで、後の問い（問1〜6）に答えよ。

『源氏物語』（桐壺の巻）ならば、高校生の馴染みのテクストとはいえ、なんと、ここで古典の異なる本文を対象にし、加えて校訂者である源親行の校訂逸話を読ませることにしたのです。こうして古文が三ページにわたって冊子に掲載されることになりました。

では、まず「藤原定家の整えた本文」に基づくという【文章Ⅰ】です。


【文章Ⅰ】

かの贈りもの御覧ぜさす。亡き人の住みか尋ねいでたりけむ、(ア)しるしの釵《かんざし》ならましかば、と思《おも》ほすも、いとかひなし。
(イ)尋ねゆく幻もがなつてにても魂《たま》のありかをそこと知るべく
絵に描ける楊貴妃《やうきひ》の容貌《かたち》は、いみじき絵師と言へども、筆限りありければ、いと匂ひ少なし。太液《たいえき》の芙蓉《ふよう》、未央《びあう》の柳も、げに通ひたりし容貌を、唐《から》めいたるよそひはうるはしうこそありけめ、なつかしうらうたげなりしを思《おぼ》し出《い》づるに、花鳥《はなとり》の色にも音《ね》にも、よそふべきかたぞなき。


これが『源氏物語』の「桐壺の巻」から採られた一節です。注は省略していますが、唐の玄宗皇帝と楊貴妃を描いた『長恨歌』の絵巻物を飽かず眺めながら、帝が亡き桐壺の更衣を偲ぶ場面が採用されています。

これだけならたいへん短い章段ですが、つづいて源光行・親行親子が再度、校訂しなおした【文章Ⅱ】が並べられます。

†複数の本文

【文章Ⅱ】

かの贈りもの御覧ぜさす。亡き人の住みか尋ねいでたりけむ、しるしの釵ならましかば、と思すも、いとかなし。

尋ねゆく幻もがなつてにても魂のありかをそこと知るべく

絵に描ける楊貴妃の容貌は、いみじき絵師と言へども、筆限りありければ、いと匂ひ少なし。太液の芙蓉も、げに通ひたりし容貌・色あひ、唐めいたりけむよそひはうるはしう、けうらにこそはありけめ、なつかしうらうたげなりしありさまは、女郎花《をみなえし》の風になびきたるよりもなよび、撫子《なでしこ》の露に濡《ぬ》れたるよりもらうたく、なつかしかりし容貌・気配を思し出づるに、花鳥の色にも音にも、よそふべきかたぞなき。

印刷技術がまだない時代に生まれた古典文学は、読者が筆で書写することで複製を一つずつ作っていきました。その書写をくりかえしているうちに少しずつ本文がずれていき、さまざまなヴァリアントが生まれたのです。でも、問題文はこの二つでまだ終わらず、【文章Ⅲ】が付いている。それはこの本文の整理をめぐるいきさつを書いた資料です。たしかに古典の本文にさまざまなヴァリエーションがあり、おおもとの原初形態は確定できない、さまざまな本文にもそれぞれの存在価値があることを、高校一年の「国語」の授業で説明する。これはありうると思いますが、実際にこれらの本文を比較して読ませることまではほとんどしないでしょう。さらにそのいきさつを書いた文章を読ませることはない。しかし、次の「現代の国語」「言語文化」では教材とすべきだと考えているのでしょうか。時間的にも、教材の質からいってもその余裕があるとは思えません。

【文章Ⅲ】

亡父光行、昔、五条三品にこの物語の不審の条々を尋ね申し侍《はべ》りし中に、当巻に、「絵に描ける楊貴妃の形は、いみじき絵師と言へども、筆限りあれば、匂ひ少なし。太液の芙蓉、未央の柳も」と書きて、「未央の柳」といふ一句を見せ消《け》ちにせり。これによりて親行を使ひとして、

「楊貴妃をば芙蓉と柳とにたとへ、更衣をば女郎花と撫子にたとふ、みな二句づつにてよく聞こえ侍るを、御本、未央の柳を消たれたるは、いかなる子細の侍るやらむ」

と申したりしかば、

「我は(ウ)いかでか自由の事をばしるべき。行成卿《きやう》の自筆の本に、この一句を見せ消ちにし給ひき。紫式部同時の人に侍れば、申し合はする様こそ侍らめ、とてこれも墨を付けては侍れども、いぶかしさにあまたたび見しほどに、若菜の巻にて心をえて、おもしろくみなし侍るなり」

と申されけるを、親行、このよしを語るに、

「若菜の巻には、いづくに同類侍るとか申されし」

と言ふに、

「それまでは尋ね申さず」

と答へ侍りしを、さまざま恥《は》ぢしめ勘当し侍りしほどに、親行こもり居て、若菜の巻を数遍ひらきみるに、その意をえたり。

六条院の女試楽《しがく》、女三の宮、人よりちいさくうつくしげにて、ただ御衣のみある心地す、にほひやかなるかたはをくれて、いとあてやかになまめかしくて、二月の中の十日ばかりの青柳のしだりはじめたらむ心地して、とあり。柳を人の顔にたとへたる事あまたになるによりて、(エ)見せ消ちにせられ侍りしにこそ。三品の和才すぐれたる中にこの物語の奥義をさへきはめられ侍りける、ありがたき事なり。しかあるを、京

極中納言入道の家の本に「未央の柳」と書かれたる事も侍るにや。又俊成卿の女《むすめ》に尋ね申し侍りしかば、
「この事は伝々の書写のあやまりに書き入るるにや、あまりに対句めかしくにくいけしたる方侍るにや」
と云々《しかじか》。よりて愚本にこれを用いず。

問題文に付されていた注は、ここでは省略しました。

†羊頭狗肉

個々の設問については、基本的にはこれまでのマークシート式の古文の設問傾向と大きく違うわけではありません。**問1**は傍線部(ア)「しるしの釵ならましかば」のあとの省略について、「直後に補うことのできる表現」を選択する設問です。「いかにうれしからまし」を選ぶのが正答となります。**問2**は傍線部(イ)「尋ねゆく幻もがなつてにても魂のありかをそこと知るべく」の歌の説明を問うていて、和歌の技法と内容について、「適当でないものを選ばせています。**問3**は傍線部(ウ)「いかでか自由の事をばしるべき」の解釈問題、**問4**は傍線部(エ)「見せ消ちにせられ侍りしにこそ」についての説明問題です。

古文の場合は、問いを設けるのにそれほどヴァラエティがありません。語句の解釈、文法問題、和歌など韻文の修辞をめぐる問題、主語の特定や敬語から捉える身分関係、故事成句や下敷きになった説話や中国古典との関係、そして本文全体の理解をめぐる問いなど。ほぼこれらのなかで設問をくりひろげるのが通例です。いったん詳しくなれば、受験テクニックから見ても古文は点を取りやすいと言われるのもこのためです。

しかし、ここでは三種類の古文を通読しなければなりません。その負担だけでもこれまでの入試問題の比ではありません。ただ、実際に複数の資料をまたぐ設問は問5くらいです。問5は、【文章Ⅱ】の二重傍線部「唐めいたりけむ〜思し出づるに」について、楊貴妃と更衣のことが【文章Ⅰ】よりも詳しく描かれていることを指摘した上で、「この部分の表現とその効果についての説明」を尋ねています。これも二重傍線部が長いのでいろいろな要素があるわけですが、選択肢はここでも「適当でないもの」を選ぶかたちになっていました。これが唯一、複数の資料を比較させながら考える問いです。古文の最後の設問である問6は、【文章Ⅲ】の「内容についての説明」をめぐる問いです。一応、それぞれの資料を読んだ上で答えるということにはなりますが、実際には【文章Ⅲ】だけしっかり読んで理解していれば、解答することが可能な問題となっています。

このように古文の問題は、三種類もの資料を並べ、多くの古文を読ませて、受験生を不安に陥れているものの、ほんとうに複数の資料をまたいで関連させた設問は一つだけという羊頭狗肉の結果となっています。現在残っている古文のほとんどは筆写されてきたため本文にはさまざまな違いがあります。ある時期からは、複数の本文を見比べながら、本文校訂を行い、確定しようとする学匠詩人たちが現れました。そうした歴史的事実は興味深いことですが、それを全国の大学入学希望者たちに知らしめることに意義はあるでしょうか。そうとは思えませんが、三種類の資料を並べたのはあえてそうしなければならなかったからだと解釈するしかありません。サンプル問題のように古文の軽量化が進行している。そうした傾向に抗いたい作成者が苦心の末に選び取ったのが、こうした本文をめぐる変遷の話だったのではないか、そんな疑問も湧いてきます。その心中を察することはできますが、これではますます古文から高校生の気持ちは離れてしまうでしょう。「上代（万葉集の歌が詠まれた時代）から近現代につながる我が国の言語文化への理解・関心を深める」という目的から、はるかに遠ざかった出題となっていると言わざるを得ません。

†漢文もまた！

第5問は漢文からの出題です。これもまた複数の問題文から組み立てられています。リード文を見てみましょう。

第5問　次の【文章Ⅰ】は、殷《いん》王朝の末期に、周《しゅう》の西伯《せいはく》が呂尚《りょしょう》（太公望《たいこうぼう》）と出会った時の話を記したものである。授業でこれを学んだC組は太公望について調べてみることになった。二班は、太公望のことを詠んだ佐藤一斎《さとういっさい》の漢詩を見つけ、調べたことを【文章Ⅱ】としてまとめた。【文章Ⅰ】と【文章Ⅱ】を読んで、後の問い（問1〜7）に答えよ。なお、返り点・送り仮名を省いたところがある。

一つ目は、司馬遷『史記』からの「太公望」をめぐる逸話です。二つ目は、佐藤一斎の「太公垂釣図」という漢詩で、これには狩野探幽の「太公望釣浜図」という絵画がついており、「太公垂釣図」の現代語訳と、生徒たちが調査した解説文にコラムが添えられています。

【文章Ⅰ】

呂尚ハ蓋シ嘗(1)窮困シ、年老イタリ矣。以テ二漁釣ヲ一奸《もと》ム(注1)二周ノ西伯ニ一。A西伯将出猟卜之。曰ハク、「所レ獲ル非ズレ龍ニ、非ズレ彲《みづち》ニ、非ズレ虎ニ、非ズレ羆《ひぐま》ニ、所レ獲ル覇王之輔《たす》ケナリト。」於イテレ是ニ周ノ西

【文章Ⅱ】

伯猟《かりス》(ア)、果遇《フ》二太(注2)公《ニ》一於渭《ゐ》(注3)之陽《きたニ》一。与(2)語《リテ》大《イニ》説《よろこビテ》曰《ハク》、「自《リ》二吾(注4)《ガ》先君太公一曰《ハク》(イ)、『当《ニ》下有《リテ》二聖人一適《ゆク》上周《ニ》。周以《テ》興《ラント》。』B子《ハ》真《ニ》是《レナルか》邪。吾《ガ》太公望《ムコト》レ子《ヲ》久《シト》矣。」故《ニ》号《シテ》レ之《ヲ》曰《フ》二太公望《ト》一。載《セテ》与倶《ニ》帰《リ》、立《チテ》為《ス》レ師《ト》。

（司馬遷《しばせん》『史記《しき》』による。）

（注）1　奸――知遇を得ることを求める。
2　太公――ここでは呂尚を指す。
3　渭之陽――渭水《いすい》の北岸。渭水は、今の陝西省《せんせい》を東に流れて黄河に至る川。
4　吾先君太公――ここでは西伯の亡父を指す（なお諸説がある）。

平成二十九年十一月十三日
愛日楼高等学校二年C組二班

佐藤一斎の「太公垂釣の図」について

太公垂釣ノ図

佐藤一斎

謬《あやま》リテ被《れ》二文王ニ載セ得テ帰ラ一
一《いつ》竿《かん》ノ風月与レ心違《たが》フ
想《おも》フ君ガ牧《ぼく》野《や》鷹《よう》揚《やう》ノ後
夢ハ在ラン二磻《はん》渓《けい》ノ旧釣《てう》磯《き》ニ一

不本意にも文王によって周に連れていかれてしまい、
釣り竿《ざお》一本だけの風月という願いとは、異なることになってしまった。
想うに、あなたは牧野で武勇知略を示して殷を討伐した後は、
磻渓の昔の釣磯《つりいそ》を毎夜夢に見ていたことであろう。

狩野探幽《かのうたんゆう》画「太公望釣浜図」
日本でも太公望が釣りをする絵画がたくさん描かれました。

幕末の佐藤一斎（一七七二〜一八五九）に、太公望（呂尚）のことを詠んだ漢詩があります。太公望は、七十歳を過ぎてから磻渓（渭水のほとり）で文王（西伯）と出会い、周に仕えます。殷との「牧野の戦い」では、軍師として活躍し、周の天下を盤石のものとしました。しかし、その本当の思いは？

C 佐藤一斎の漢詩は、【文章Ⅰ】とは異なる太公望の姿を描きました。

ある説として、この漢詩は佐藤一斎が七十歳を過ぎてから昌平坂《しょうへいざか》学問所（幕府直轄の学校）の教官となり、その時の自分の心境を示しているとも言われています。

〈コラム〉
太公望＝釣り人？
文王との出会いが釣りであったことから、今では釣り人のことを「太公望」と言います。【文章Ⅰ】の、西伯が望んだ人物だったからという由来とは違う意味で使われています。

漢文も古文同様、設問にそんなにヴァリエーションはありません。したがって、これまでと同工異曲の設問です。基本的な法則や句形を覚えるというのが従来の漢文試験対策です。

たとえば、**問1**は、波線部(1)「嘗」と(2)「与」の読み方の問題で、それまでの一般的な設問形式と変わりありません。「かつて」と「ともに」が正答です。**問2**の二重傍線部(ア)「果」・(イ)「当」の「本文中における意味」を尋ねる設問も同じです。「果」のあとに「太公ニ渭之陽ニ遇フ」と続くのですから、「果タシテ」と訓めばいい。そこから「案の定」という意味を引き出せば正解です。「当ニ聖人有リテ周ニ適クベシ。周以テ興ラント」は、「周」が「興」るであろうと推測しているわけですから、「当ニ～ベシ」も推測を含むことになり、「きっと～だろう」が正答となります。こうした設問はこれまでの漢文問題とまったく変わっていません。傍線部A「西伯将出猟卜之」の「返り点の付け方と書き下し文との組合せ」を問う**問3**や、傍線部B「子真是邪」の「解釈」を問う**問4**も同じです。

†形式と内容を組み合わせた問い

問5になると、**【文章Ⅱ】**をめぐる設問になります。「**【文章Ⅱ】**に挙げられた佐藤一斎の漢詩に関連した説明として正しいものを、次の①～⑥のうちから、すべて選べ」という設問で、原典に依拠した日本の漢詩人の詩を味わうというものです。選択肢も六つになり、そのなかに複数の正解があるので、それらを「すべて」選べという新たな要素も付け加わっています。選択肢は以下の通りです。

① この詩は七言絶句という形式であり、第一、二、四句の末字で押韻している。
② この詩は七言律詩という形式であり、第一句と偶数句末で押韻し、また対句を構成している。
③ この詩は古体詩の七言詩であり、首聯《しゅれん》、頷聯《がんれん》、頸聯《けいれん》、尾聯《びれん》からなっている。
④ この詩のような作品は中国語の訓練を積んだごく一部の知識人しか作ることができず、漢詩は日本人の創作活動の一つにはならなかった。
⑤ この詩のような作品を詠むことができたのは、漢詩を日本独自の文学様式に変化させたからで、日本人は江戸時代末期から漢詩を作るようになった。
⑥ この詩のように優れた作品を日本人が多く残しているのは、古くから日本人が漢詩文に親しみ、自らの教養の基礎としてきたからである。

「首聯、頷聯、頸聯、尾聯」というのは唐の時代に成立した律詩のルールで、「国語総合」

の終盤に習う漢詩の句法です。選択肢からすぐ分かるように、①から③は詩の表現形式について、④から⑥は内容や歴史的な位置づけについての説明です。律詩は八句から成りますが、この佐藤一斎の詩は四句だけです。四句は絶句の基本ですから、律詩と書いてあるのは間違いです。「聯」も律詩の句法で、わざと「七言詩」として律詩か絶句か分からないようにごまかして引っかけようとしていますが、「聯」は二句ずつで作られるものですから、どうしても四句はありえません。したがって、正答の一つは①です。ただし、絶句や律詩という漢詩の特性などについて十分な教育がなされているかは疑問です。まして「聯」などをあげているので、かなりくわしい漢文教育を受けているかどうかで正答率は大きく変わるでしょう。

④は漢詩が「日本人の創作活動の一つにはならなかった」と断定していて、これはあり得ない。そんなことなら漢文をわざわざ「国語」で学習する必要もなくなります。またその始まりを「江戸時代末期」とした⑤も、明らかな誤答です。少なくとも漢文の基礎、なぜ漢文を習うのかという入り口を学んでいれば、正答の⑥にすぐにたどり着きます。つまり、④から⑥のなかでの選択はきわめて易しい。しかし、正答を「すべて」あげようというのがここでの条件ですから、①を選んでいないかぎり、⑥だけでは得点になりません。発表されたこの設問の正答率が一四・七％という低さにとどまったのはそうした設問の作

り方自体に起因しているのでしょう。

問6は、「【文章Ⅱ】の□で囲まれた〈コラム〉の文中に一箇所誤った箇所がある。その誤った箇所を次のA群の①〜③のうちから一つ選び、正しく改めたものを後のB群の①〜⑥のうちから一つ選べ。」という設問です。間違い探しを通して、内容をよく理解しているかどうかを試した問いで、これは比較的によくできた設問ではないかと思います。コラムのなかから「① 文王との出会いが釣りであった／② 釣り人のことを「太公望」と言います／③ 西伯が望んだ人物だったから」という三つの要素をあげて、まず間違いを確定します。ついで、それを改めた文を選ぶわけです。ただし、A群の三要素それぞれに応じた修正文を二つずつ配置して、六つの選択肢を作っていますから、最初に正解にたどり着けば、後半は二つのうちどちらかが正解となるわけです。こうした連動式の設問は二ついっぺんに得点する、あるいはミスする可能性があり、一つの失敗が大きく影響することになります。果たして「大学入学共通テスト」にふさわしいかどうかは別に再検討の必要があると思います。

†単調な反復

最後の問7は、「佐藤一斎の漢詩からうかがえる太公望の説明」を求める設問で、ようやく資料をまたぐ複合型の問いになっています。

①　第一句「謬りて」は、文王のために十分に活躍することはできなかったという太公望の控えめな態度を表現している。
②　第一句「謬りて」は、文王の補佐役になって殷を討伐した後の太公望のむなしさを表現している。
③　第二句「心と違ふ」は、文王に見いだされなければ、このまま釣りをするだけの生活で終わってしまっていたという太公望の回想を表現している。
④　第二句「心と違ふ」は、殷の勢威に対抗するために文王の補佐役となったが、その後の待遇に対する太公望の不満を表現している。
⑤　第四句「夢」は、本来は釣磯で釣りを楽しんでいたかったという太公望の望みを表現している。
⑥　第四句「夢」は、文王の覇業が成就した今、かなうことなら故郷の磻渓の領主になりたいという太公望の願いを表現している。

しかし、これも佐藤一斎の詩の訓読も出ているのですから、それらを読み取ることができれば容易に正答にたどり着けます。もちろん、正答は⑤です。

さて、こうして見ると、漢文の問題も資料を複数にして、それらを理解し、読み解いていくのに時間がかかることが分かりますが、同じ形式の問題を単調に反復しているだけなのです。しかも、個々の設問はそれまでの設問形式のままであったり、一見、資料をまたぐようでいて、実は容易な設問が配されたりしていました。

果たして授業で調べ学習を行った生徒が発表した内容を組み合わせるといったシチュエーションを具体的な「言語活動の場」として想定する必要があるのでしょうか。これまでのセンター入試でも、古文や漢文では到底、「国語総合」の範囲で取り扱うとは思えない高度な問題文が提供されたことがありました。それには大いに疑問が寄せられ、批判も浴びてきました。今回の新たな「学習指導要領」では、過去の言語文化の伝統への敬意は払われていますが、実質的にはより一層、隅に追いやられています。それでいながら、プレテストで『源氏物語』本文の校訂過程をめぐる話を選び、司馬遷と佐藤一斎などを組み合わせるというのは大きな矛盾だと言っていいでしょう。個々のテクストをしっかり読みこなすことを目指すのではなく、それらを複数化することで、総合的な「情報」として処理し、資料同士を接続することだけが目的となっています。難しくて易しい。古典のプレテストは総体としてそのような最終評価となるでしょう。

ナショナリズムを鼓吹しながらも実質的に古典の比重を下げようとする大きな力が今回の改革の根底にあることは確かです。そして問題文を「資料」と呼び、複数化することが必須条件となっていました。安易化する動きに対抗するように古典の問題作成者たちは、より複雑な問題文を採用する方に向かったように思います。しかし、設問は従来のものと基本において変わっておらず、問題文の理解に手間がかかるだけに、結果的に易しい設問にせざるを得なくなっています。プレテストの試験問題そのものが「国語」という教科における古典の位置をめぐって矛盾と葛藤を体現しているのです。

残念ながら、それらは教育効果につながる優れた試験問題とは言えませんでした。ひたすら混乱する古典の出題は、「大学入学共通テスト」に向けて試験対策をしなければならない教室の現場にも露骨に影響を及ぼしていくことでしょう。じっくりと古典を読み味わうという文化がますます弱められていきます。「我が国の伝統的な言語文化」という言い回しは、「指導要領」を初めとする多くの文書に登場しますが、提灯のように「伝統」を掲げるものたちによって「伝統」が破壊されていく惨めなさまを、私たちは見ることになるのです。

第6章

「国語」の力をとりもどす

†プレテストの結果報告

大学入試センターが公表した「大学入学共通テストの導入に向けた試行調査（プレテスト）（平成二九年一一月実施分）の結果報告」には、マークシート式の問題について次のようなコメントが付けられていました。

> 無解答率が後半に向けて高くなる傾向が見られ、また、アンケート調査において、試験時間が短かったという回答が約50％、問題の量（文章や資料等）が多かったという回答が約80％、問題が難しかったと回答した者が約90％であった。記述式問題（大問1題）の導入に加え、複数の題材を比較したり、図表等を読み取ったりするなどの問題の工夫を各大問で行っていたことから、試験時間に比して問題の量が多かった可能性がある。

無解答が後半の問題になるにしたがって多くなるのは、時間が足りなくなったことに加えて、試験自体にうんざりしてしまった受験生もいたからでしょう。しかし、それにしても、このプレテストの問題作成にあたって、全体の統括責任者がいたはずです。その責任者は試験時間や問題の分量が適切かどうかについて事前の段階で想像できなかったのでしょうか。それともプレテストだからあえて試してみようとしたのでしょうか。

「複数の題材を比較したり、図表等を読み取ったりするなどの問題」の形式が、退屈なほど執拗に反復されていたことについては見てきたとおりです。こういう傾向の出題をしてみようと協議がなされたとしても、どこかの大問一題で試してみるというのが常識だと思います。すべての大問で同じ形式を目指す、そのようにしなければならないという課題が出されていたのだとしたら、それはまったく創造性や自主性に欠けた機械的な組織だと言わざるを得ません。

少なくとも、私たち大学の教員は入学試験の問題をめぐって、その大学にとってどのような学生に入学してほしいのか、広い意味でアドミッション・ポリシーをも含み込んだ大学の顔と呼ぶべき思想があると考えて、作成作業に関わってきました。ときに出題ミスなどの大きな過誤を犯すことがあるとしても、そのような気概と信念をもってのぞんできたと思います。では、今回のプレテストが総体として示しているものは何でしょうか。

†自己満足に終わる

「結果報告」では教師や生徒たち、有識者のアンケート結果も載っていて、「知識の深い理解と思考力・判断力・表現力を重視した作問への見直しがはかられていると感じた」とか、「複数の文章や資料を読むことで身につく、多画的《ママ》に物事を見て自分なりに集約する力が問われており、工夫されていると思う」といった高評価の声をまず中心的に拾い上げています。なかには「複数の要素を結びつけて思考する能力も必要だとは思うが、一つの文章の中の情報をしっかり読解させる問題（大問）があってもよいのではないかと思った」とか、「『知識の理解の質』に関しては、素材となる文章が質的に高いものであることが求められると思う」といった厳しい声もあるのですが、それらは回答の後半に置かれていて、まずは、プレテストの試みを承認する方向に導いて回答が配置されているのが分かります。

科目別の結果概要のなかで、もっとも眼目となる「国語」の記述式問題について次のような評価がありました。

3問ともに無解答率は低く、3問の難易度についてはバランスも考える必要があるが、特に**問3**（80〜120字）の正答率が低く、1割にも満たないことは識別力等の点から課題である。平成30年度試行調査に向け、3問の難易度のバランスを考慮しつつ、特に文字数が最も多い**問3**については、言語活動の場面がより明瞭になるよう工夫することなどにより、3〜4割程度の正答率を目指した作問を行っていく。

目標となる正答率が三割から四割のあいだだとすれば、プレテストの第1問の問1の完全正答率四三・七%はやや高いと言わざるを得ません。さらに問2の正答率は、一気に七三・五%まではね上がっています。そして問3は、反対に〇・七%という信じられない数字になっていました。それを見ると、到底、問3のみが「識別力等の点から課題」だなどと悠長なことは言っていられません。問2や問3の設問はまったく失敗だったと素直に認めなければなりませんし、問1ですら、正解者が多すぎるのです。解答の条件によって点差をつけることができるという利点はあるものの、それも適切に分散していないかぎり、効果は薄くなってしまいます。

中央教育審議会会長として大学入試の抜本改革を促した安西祐一郎は、プレテストが公表されたあと、インタビューに次のように答えていました。

国語の記述式問題の解答用紙を見て、「よくここまで来た」と思いました。設問はよく出来ています。資料を読んで考える問題や、正解をすべて選ぶ問題、答えがない問題など、改革の本質を捉えた問題になっています。例えば国語は、様々な資料から何が大切かをつかみ、論旨明快に表現できる力を問う出題でした。数学も、問題の背後にある構造を答えさせる内容です。(『朝日新聞』二〇一七年一二月一〇日)

認知科学・教育心理学の専門家で、工学博士だという安西氏の理解はこのとおりです。残念ながら、ほんとうに試験問題を見たのかどうか、疑わしくなるような発言です。揚げ足をとるようで恐縮ですが、見たのは「解答用紙」の方なのでしょう。記述式の設問に答えるためのマス目のついた解答欄を見ただけで、「よくここまで来た」という感慨がわいたのかもしれません。彼にとって大事なのは「改革」という旗印だけであって、個々の「国語」の問題内容やそれによって左右されかねない教育の内容ではないのだろうと思います。「わたしたちが改革した」という自己満足と承認欲求によって、「国語」の教育は危機的な状況に立ち至っています。

†記述式問題の課題

何度も言ってきましたが、記述式問題という形式自体が悪いわけではありません。また、問題を立てて文章を読み込み、必要な資料やデータを集め、分析や考察をくりかえしながら、一定の結論を出していく、そのような「思考力・判断力・表現力」の獲得は目指すべき課題です。「国語」という教科のなかで、「思考力・判断力・表現力」を育てるためにさまざまな工夫を行うことに、まったく異論はありません。「国語」だからこそ、それは可能であると思いますし、部分的にはこれまでにも積み重ねられてきたのです。しかし、「大学入学共通テスト」に記述式の試験問題が導入できればその道筋がつくというのは大きな誤りです。

記述式問題は、一般に中学高校の「国語」の定期試験などで取り入れられている方法のひとつです。教科書会社が用意している「国語」の問題集にも記述式の設問は存在しています。そもそも定期試験でマークシート式を取り入れること自体が、作成においても、コンピュータ採点の手間や予算からしても考えにくいことであり、予備校等が全国で一斉に実施する模擬試験くらいのことでしょう。もちろん、センター試験や多くの大学入試でマークシート式問題が出題されているわけですから、その形式や傾向に慣れなければなりません。選択肢問題の解き方として、正攻法だけでなく、受験技術で正解をあぶり出す方法論もありえます。しかし、一学年の生徒数が千名を超える高校がそれほどあるとは思えません。数百人の生徒を相手にするとき、ほとんどの国語教師は手採点を行っています。そこでは記述式問題も十分に採点可能なのです。

とすれば、記述式問題で獲得できるという能力は、実際の教室でもうすでに基礎ができあがっているはずではないでしょうか。いや、そうではないというならば、その教育の体系化や洗練こそが目指されるべきです。数十万人を相手にしたただ一回の記述式問題でいったいどれほど変わるのか、はなはだ疑問に思います。

†採点基準の一元化は可能か

先ほどの「結果報告」には、「主な改善点」として次のような事項があがっていました。

・多数の採点者が同じ基準で正確に採点することが可能な問題と正答の条件について更に工夫すること。
・採点基準の検討と明確化をより早期から行うことにより、採点のブレを防ぐこと。サンプル数は少なくとも、試験実施後可能な限り速やかに具体の答案を見ながら採点基準の調整等を行うこと。

つまり、採点者が多数になればなるほど「同じ基準」を保ちにくくなるのです。少しずつずれていってしまい、気づいたときにはまた最初から見直しをしなければなりません。「採点のブレ」がどうしても起きてしまうことは実際の採点にあたる人たち、現場の実施担当者たちにはよく分かっているはずです。この分かりきったことを「改善点」にあげなければならない苦衷も想像できます。

今回のプレテストの受験者は「国語」では約六万五千人でした。「数学」が約五万五千人だそうです。採点者の数は教科別では出ていないので判然としませんが、総数で約千人となっています。仮に「国語」で半分だとしても五百人ということです。採点者の採用は「試験等による選考」が行われ、さんざん「事前研修」を開き、「一枚の答案を複数名で採点し、採点結果が一致しない場合には上位判定者に協議して決定する多層的な採点体制」を取ったとのことです。もし、この十倍近くの受験生となったら、採点者を一万人に増やして採点するのでしょうか。

大学の入学を決定する選抜テストですから、もちろん、厳密に「同じ基準」で採点にあたってもらわなければなりません。可能だという確信をもっている人たちがこのマネージメントにあたっているのでしょうが、一方でプレテストの問題の質を見てしまったものからすれば、こんなに作成から採点まで手間と時間をかけるのに値することなのだろうかと、どうしても首を傾げたくなります。公開された大学入試センターの資料によれば、プレテスト全体の問題作成・編集、印刷、採点およびデータ処理、手書き文字データ蓄積システム、全体の統合処理など、問題冊子の運搬以外の工程に、約十一億八千万円ほどをかけています。科目別の積算ではありませんから、「国語」についてはもっと低いでしょうが、それにしても数億の税金を使って、壮大な社会実験を行っているのです。

採点を行うのは「業者」です。その契約業者については「価格点（入札価格の得点）と技術点（評価基準書による加点）による総合評価」で決定するそうです。その「技術点」は「外部有識者を含む委員会」で決めていくとのこと。数千人か一万人か分かりませんが、高い能力をもった採点者を集めることのできる「業者」がそんなにたくさんいるはずがありません。この季節労働にのぞむ優秀な人材がいるのだとすれば、そういう人にこそ正規の「国語」の教員になってほしい。その方がはるかに目標とする能力の育成に役立つはずです。

†冷静な合理主義へ

「同じ基準」による採点の厳密化を目指せば目指すほど、「正確に採点することが可能な問題」作りが必須となります。しかし、そうなれば、「正答の条件」をシンプルにして条件の組み合わせも分かりやすくしていかなければなりません。それは結果的に高い正答率となり、試験問題としての「識別力」において効力がなくなります。採点しやすくすることは記述式問題において問題の意義を小さくすることになってしまうのです。これではかける労力にまったく見合いません。

つまり、「大学入学共通テスト」における記述式問題の導入は、導入するという目的のためにのみ行われるものであって、選抜試験としての役割を果たしていませんし、「国語」の能力開発にも直接、結びついていません。壮大な実験を行い、結果的に国語教育を危うくすることになると思います。

それよりも、実際の「国語」の授業のなかで、記述式問題の要素を増やしていく、あるいは「思考力・判断力・表現力」の育成を目指して、小論文形式の課題をとりいれる方がはるかに効果的でしょう。私立高校で中高一貫の進学校は、多く中学から高校への移り変わりのときに、卒業論文や卒業制作などの課題を与えたりしています。公立の学校でも中高一貫校が増えていますが、そうであるならば、教育課程のなかに記述式や小論文を加えていけばいいのです。高等学校の入学試験で記述式の問題を導入することも大いにありうる選択肢です。その試験を受ける人数が一定数以下であれば、採点者も限られますし、「同じ基準」を保つことが実現可能になります。

つまり、同じ目標はもっと着実に、これまでの経験と技術をもとにしながら、多少の改善を加えるだけで到達可能なのです。膨大な予算をつぎ込み、徒労に満ちた実験に何十万人もの若者を付き合わせる必要はありません。走り始めると止まらない日本の官僚主義・

集団主義的な思考を止めて、冷静な合理主義に戻るべきではないでしょうか。

†世田谷区の教科「日本語」

さて、今回の「学習指導要領」の改訂と「大学入学共通テスト」における試験内容の変化をめぐって、思い出したことがありました。それはかつて二〇〇四年に東京都世田谷区が内閣府の「特区認定」に申請し、「教育特区」として開始した教科「日本語」の開設とその教科書をめぐる問題です。小泉純一郎政権のもとで規制緩和による特例措置を設ける「構造改革特区」が導入されましたが、そのなかに文科省が管轄する「教育特区」という制度がありました。「学習指導要領」によらない多様なカリキュラム編成や株式会社による学校設置、地方公共団体と民間との連携・協力による公私協力学校の設置など二三項目の特例措置が設けられたのですが、当時、英語に力を入れる自治体が多いなか、世田谷区はあえて「日本語」に力を注ぐ教育で「特区」申請をしたのです。

この申請が認められて、世田谷区では「深く考える力を育てる」「表現やコミュニケーション能力を高める」「日本の文化や伝統に対する理解を深め、大切にする態度を養う」ことを目的に、二〇〇七年から区内のすべての小中学校で教科「日本語」が導入され、専用の教科書を用いるようになりました。理念としてはなかなか優れていますし、初めのうちは外部からの評判も上々でした。ゆとり教育の反動が起きて、授業時間が増え、総合学習の時間が減っていく時期にあたり、教科「日本語」の試みを評価する声がたくさんあがったのです。世田谷区教育委員会によって刊行された小学校の教科書「日本語」は、小学校の一・二年、三・四年、五・六年と二学年ごとに一種類ずつ用意され、中学校では教科「日本語」の名のもとに「哲学」「表現」「日本文化」の三種類の教科書が配布されました。教育委員会の日常業務のほかに、これらの編集刊行を行ったのですから、かなり大変な作業だったと思います。

†美しい日本語は世田谷区から

教科「日本語」の導入は、実際には当時、教育委員会の教育長であった人物の強い個性によって行われました。そのすべての教科書の編集実務を担当した若井田正文は、「美しい日本語は世田谷区から」という標語を掲げて「教育特区」プロジェクトを指揮した中心人物です。小学校版では、「日本語の響きやリズムの美しさを味わおう」という趣旨のもと、「意味より、リズムで文章を体の中にしみこませる」ということから、和歌がおよそ一三〇首、俳句が二四～二五句、漢詩が二五篇、近代詩が二〇篇、論語が一七～一八篇、古文が一〇篇ほど収録され、声に出して読むことが強調されました。このうち漢詩についてはほとんど若井田教育長本人が選んだと自負しています（インタビュー「美しい日本語へ世田谷区『日本語教育特区』の試み」全日本漢詩連盟のホームページ　二〇〇七年一一月）。

音読自体は悪いことではありませんが、小学校のときに「論語」を教え込むことによって「基本的な生活習慣」をつくりあげるという儒教的な徳目の復活が目指されてもいたのです。くわえて、どのようにこの教科を教えるかという指導計画はなおざりにされていました。突然、ふってわいたようにこの教科の指導を強いられた学校現場は混乱しました。教育長が声に出して読めばいい、意味の理解は後でいいのだと言っても、教室で生徒に向きあえばその教材について教員が十分に理解し、把握していなければなりません。そうした教育のための必要な手続きや準備がないがしろにされていたのです。

たいへんきれいな教科書もよく見てみると、宮澤賢治や高村光太郎、サトウハチロー、李白や王維、山上憶良、松尾芭蕉など、同じ作者の詩歌が何種類も登場したり、数少ない散文では読書の感想を人生訓で結ぶ典型的な悪しき作文が「児童作品」として載るかと思えば、坂村真民や藤原正彦の人格主義的なエッセイが選ばれたりと、意味の理解は必ずしも後回しというわけでもなく、かなり通俗的な保守主義者の心情を投影した文章群が盛り込まれていたのです。

†「日本文化」「表現」「哲学」

なかでも注目されたのが、中学校版の教科「日本語」でした。さすがに中学校では声に出して読むだけでは成り立ちません。まさに「深く考える力」を育てることが課題となります。

「日本文化」の教科書は、衣食住を中心に生活の身近なところから日本文化の伝統を考えるというコンセプトのもと、「食のしきたり」や「発酵文化」、辻嘉一の「食器随想」や竹西寛子「箸」、近藤富枝の「和服」、白洲正子「ゆかた」など、教条的ではあるけれど、ある程度は知っておいた方がいい生活文化にふれたエッセイを収めていました。これらを十分な指導書もないまま、どのくらいの先生たちがきちんと教えられたのかは疑問です。しかし、教科書としては文化的ナショナリズムを醸成する役割を目指そうとしていたことはよくうかがえます。

それ以上に重要なのが「表現」の教科書でした。ここには「絵や写真から伝わるものを表現しよう」という言葉以外の表現を見つめることから始まり、「対話の基礎」「数学の作文」「相手・場面とことば」「メディア・リテラシー」などの章が配され、レポートの書き方の指導もそこに入っていました。

実は、こうした内容は高校の「国語」の教科のなかで「国語表現」が担っているものなのですが、実際には多くの高校では「国語表現」は履修されず、「国語総合」と「現代文B」「古典B」になってしまっています。そのもどかしい状況を変えようという発想でした。もちろん、つぶさに見ていくと、「メディア・リテラシー」を謳いながら、批評的に記事や文章を読むという教育内容が薄く、「コマーシャルの秘密」と題して広告を自分でも作ってみようという方向に曲がってしまったり、最終的に「率直な自己表現」を目指して、自己啓発セミナーの出来損ないのような作文を強いてしまったりなど、突っ込みどころの多い教科書でした。しかし、表現力をどのように育てるかという課題の重要性はここでも共有されていたのです。

そして「哲学」の教科書には、またもや宮澤賢治の「雨ニモマケズ」が引かれ、川端康成「美しい日本の私」、日野原重明「人間ってすごい」、沢村貞子「心の行儀」、司馬遼太郎「二十一世紀に生きる君たちへ」といった、いかにも日本礼賛や道徳主義のエッセイが載っていたのですが、そのなかでとりわけ重視されていたのが哲学者の野矢茂樹の文章でした。野矢の文章は冒頭に「『考える』って何をすることだろう?」、中盤に「論理的な表現とは」、結びに「『考える』ことを考える」というように、一冊の教科書で三箇所に登場し、「深く考える力」についてはすべて野矢に頼るという奇妙な依存構造になっていたのです。

それらの文章は、その著書『はじめて考えるときのように──「わかる」ための哲学的道案内』（PHPエディターズグループ　二〇〇一年）と『論理トレーニング101題』（産業図書　二〇〇一年）からのものでした。しかも、かなり大胆な切り貼りを施していて、具体的な考察を展開している中盤を削ってしまい、問題提起と結論をつなぎ合わせるなど、論旨がたどりにくいところのある乱暴な編集がなされていました。「考える」基本を学ばせたい、そして論理的な思考力が重要である、そうした主旨はよく分かるけれども、教科書編集について十分な経験のない集団による残念な編集方針であったことは否めないと思います。

結果的に見ると、世田谷区の教科「日本語」は試みとしては冒険的でしたが、十分な成果を生み出すにはいたっていません。二〇一七年に世田谷区では「教科『日本語』検証・検討委員会　報告書」をまとめました。そこには徐々に教科として定着し、生徒や保護者、教員からも支持を得て、実際に生徒の語彙力アップはあるものの、この教科との有効関連性があるかどうかは判然とせず、学校管理職や現場教員の負担増という声が依然としてあることが指摘されています。小学校低学年ではこの教科が楽しいという声があがるのですが、それはまさに意味を問わずに言葉を楽しむという主旨に合致しているからです。しかし、高学年、中学校になるほど、躊躇や保留が増えるのは担当教員の指導力に左右される場面が多いためと推測されます。この教科「日本語」には教科専門の教員はいませんし、その教育方法を学んだ教員もいません。それでいてどの教科の教員でも担当できるようにするという強引な導入を行ったために、このような反応が起きたのです。

†共通する思想

若井田の回想によれば、「教育特区」申請のとき、文科省はなぜ「国語教育特区」ではなく「日本語教育特区」なのかを何度も問いかけてきたそうです。今回の「学習指導要領」改訂からも分かるように、実は同じ発想がベースにあることは明らかです。今回は文科省が主導し、大学入試センターがそれに従うかたちで進んだので、より大がかりになり、またたくさんのスタッフが協力しました。

そこで求められているのは、「学習指導要領」においては伝統的な言語文化に対するリスペクトを植えつけてほしいという期待であり、記述式問題の導入においては表現をともなった論理的な思考力を育成することでした。文学に対する拒絶の姿勢は、現在の政治や社会、文化的規範に対する批評性をもった「現代文」の教材に対して発揮され、自己肯定感の強い実用的な「現代文」と現代的な批評性の稀薄な「古文」「漢文」についてはできるだけ取り入れていこうという選別と排除が働いています。新たな世田谷区教育委員会の「教科『日本語』検証・検討委員会　報告書」でも、「学習指導要領」改訂をにらんだ教科「日本語」の軌道修正が提言されていて、「特区」での試みを微修正しながら全体に回収していこうという志向が明らかになっています。

当初、世田谷区の教科書の編集委員会には、多くの委員の名前が権威を付けるために集められました。委員長には国語学者で、筑波大学の元学長、独立行政法人日本学生支援機構理事長であった北原保雄、委員には国立情報学研究所の教授であった新井紀子、国際交流基金日本語国際センターの元所長でもあった社会学者の加藤秀俊ら、十一人と、世田谷区の中学校・小学校の校長、区内施設の関係者などが名前をつらねていました。

北原は当時、『問題な日本語』シリーズ三巻（大修館書店　二〇〇四〜七年）で知られていました。情報学者の新井は、その後、人工知能による「ロボットは東大に入れるか」（東ロボ）プロジェクトで注目を集め、最近は『AI　VS　教科書が読めない子どもたち』（東洋経済新報社　二〇一八年）で話題を呼びました。新井は人工知能の開発に従事するかたわら、人間にしかできないことは何かを考え、むしろ中等教育における「基礎的な読解力」の低下にこそ最大の問題があると指摘しています。文学の読解ではなく、ごく基礎的な数学や地理の教科書の内容を的確に理解する読解力です。その力が落ちている。

「国語」という教科はそこを徹底するべきだというのです。野矢茂樹が『新版論理トレーニング』や『大人のための国語ゼミ』で主張しているところとも共通しています。

つまり「学習指導要領」改訂や今回の「大学入学共通テスト」を動かしていく文脈には、こうした一定の系譜があるのです。世田谷区の教科「日本語」では幼稚なレベルで終わりましたが、その流れがいままた新たなかたちで動いているのです。

†基礎的読解力

新井紀子は、その著書のなかで「基礎的読解力」の要素として、「係り受け」「照応」「同義文判定」「推論」「イメージ判定」などをあげて、個々に分かりやすいリーディングスキルテスト（RST）を行って小学生から中高生の調査を行ったことを報告しています。

たとえば次のような問題です。

〔問1〕次の文を読みなさい。
仏教は東南アジア、東アジアに、キリスト教はヨーロッパ、南北アメリカ、オセアニアに、イスラム教は北アフリカ、西アジア、中央アジア、東南アジアにおもに広がっている。

問　この文脈において、以下の文中の空欄にあてはまる最も適当なものを選択肢のうちから1つ選びなさい。

・オセアニアに広がっているのは［　　］である。

①ヒンドゥー教　②キリスト教　③イスラム教　④仏教

これは単純な「係り受け」の問題ですが、もちろん正解は②のキリスト教で、間違えるはずがないではないかと思われるかもしれません。しかし、新井の調査では、全国の中学生（六三三名対象）のうち六二％しか正解しなかったそうです。高校生（七四五名対象）では七二％とのこと。こんなに素朴で、分かりやすい設問に答えられない中学生・高校生の存在に、新井は愕然とします。「東ロボ」くんなる人工知能はもちろん正解しました。意味を理解したのではなく、統計と確率をめぐる演算処理の結果、正解にたどりついたのです。

同義文を判定したり、推論を展開したりする設問にいたっては、中高生の正答率はぐっと下がったそうです。人工知能には到達不可能な、つまり人間のみに可能な意味の理解において、多くの中高生がお手上げ状態になっている。教科書をきちんと読めていないレベルだというわけです。新井は大学生を対象とした「数学基本調査」の厳しい結果から、大学生たちはほんとうに数学ができないのか、問題文が理解できていないのかを調べ始めたことから、逆にさかのぼって初等・中等教育に問題があったことを見出だしたのです。

新井の指摘は重要です。だから、彼女は「基礎的読解力」が全体に必要だと言っています。いったい、それはどうすれば身につくのか。生活習慣、学習習慣、読書習慣などを調べても有効な相関は現れません。そのなかで唯一分かったのは、教科書をきちんと読むためにはどうしたらいいかを研究し、実践している地域の小中学校の学力調査の結果のみが上がっていたという事実でした。

新井は、同じ数学者の藤原正彦が学校教育に何が必要かと問われて「一に国語、二に国語、三、四がなくて、五に算数」と答えたことを例に挙げ、「私は今現在の『国語』でよいかには疑問があるので『一に読解、二に読解、三、四は遊びで、五に算数』でしょうか」と書いています。いまの「国語」にどのような不満をもっているのか、ここからだけでは分かりませんが、教科書を読む「基礎的読解力」を育て、より深い意味の理解にいたる学習が「国語」の教育に見られないという批判があるのでしょう。その批判があたっているかどうかはべつにして、文章のなかに込められた論理を読み解く力の育成が緊急の課題であることは確かです。

†はずれた目的

ここでいう「基礎的読解力」とは新「学習指導要領」が掲げる「情報を多面的・多角的に精査し構造化する力」に近いように思います。では、「大学入学共通テスト」の記述式問題はこの能力の養成において強い手段たりうるのでしょうか。たしかに基礎的な意味の理解を目指し、みずからの言葉で解答を作り上げる表現力を計っているように見えますが、結果的に要求されているのは大量の情報と少ない時間のなかでの処理能力になってしまっています。そもそも新井が指摘しているように、「基礎的読解力」はむしろ初等教育における教育が重要で、中等教育の前半で伸ばすべきものです。その延長線上にあるとはいえ、記述式の解答の煩雑な採点作業にコンピュータ処理を持ち込み、プレテストの試験結果の検証や分析もひたすら情報化するばかりで、膨大な情報量のみを提示し、実験を追認しているだけです。何よりもわずか三問くらいの設問で、深い意味の理解や「推論の仕方」にたどりつくとは思えません。

新井の主張に即すなら、小学校から高校までの「国語」の授業内容を修正していくことの方が重要です。世田谷区の教科「日本語」でいえば、小学校低学年のときの言葉遊びや音読の多用を残し、過度な道徳主義的教材や日本文化への愛着の押しつけを外し、中学校の「表現」や「哲学」の一部を適切に編集し直すことが大事なのではないでしょうか。

新井は「基礎的読解力」のないままで導入されるアクティブ・ラーニングなど「絵に描いた餅」にすぎないと言っています。たしかに、私たち大学に勤めている研究者は、教師として大学生に日々接していて、とりわけ新入生の入学直後の教育に心をくだいています。大学生こそ「主体的・対話的で深い学び」を実践できるはずなのですが、そのために多くのエクササイズを行い、「学ぶ」とはどういうことなのか、その構えや必要な形式、具体的なスキルや表現のしかたを教えていかなければなりません。アクティブ・ラーニングで学びましょうと言われても、きょとんとしてしまう学生たちを相手に、アクティブ・ラーニングそのものの定義を教えたり、訓練から始めなければならないという皮肉な結果が待ちかまえていたりするのです。

†論理的思考力と教育課程

野矢茂樹『論理トレーニング』（産業図書　一九九七年）は、東京大学の教養課程に入学した一年生を対象に行われた授業実践から生み出されたそうです。逆にいえば、一八歳から二〇歳くらいまでの世代で選抜されたわずか三〇〇〇人の、きわめて優秀なトップエリート集団であるはずの彼らに対しても、論理トレーニングを行って論理的思考力を鍛えないと、その後の専門教育に進めないという判断があったということになります。

教科「日本語」が野矢のエッセイに依存しすぎていたことは前にふれたとおりです。おそらく、多くの教育関係者が「考える」ことをめぐって大きな教育的課題があると感じている。その課題を解決する入り口として、野矢の著作に頼ろうとしたのです。その後も野矢は新たに『大人のための国語ゼミ』(山川出版社　二〇一七年)を書き下ろし、「国語」を論理トレーニングの主舞台として、学校から離れた「大人」たちにとっても必要な「論理的思考力」と「表現力」の教育を展開しました。より柔軟に分かりやすく、しかも確実にというわけです。こうした学習の必要性が新たな「学習指導要領」の「論理国語」に波及していると見て、間違いないでしょう。わざわざ「論理国語」という不思議な、それまでの日本語にはない造語で、新しい科目を作ったのは何よりその証左です。しかし、高校二年生の選択科目で、というのは果たして適切なのでしょうか。世田谷区の教科「日本語」は中学校でこれを試みようとしていたのですから。

もちろん、高校一年生の必修科目「現代の国語」でも「実社会に必要な国語の知識や技能」の修得や、「論理的に考える力や深く共感したり豊かに想像したりする力」の育成が目標とされていました。また、そこには「文、話、文章の効果的な組立て方や接続の仕方」や「話や文章に含まれている情報の扱い方」について、「主張と論拠など情報と情報との関係」を理解することや、「個別の情報と一般化された情報との関係」、「推論の仕方」、「情報の妥当性や信頼性の吟味」、「引用の仕方や出典の示し方」などが教育内容として掲げられていました。しかし、第2章で見たように、時間数の配分からいくと、「話すこと・聞くこと」や「書くこと」に「読むこと」の三倍以上の時間をかけるように指示されています。これでは、読解力や論理的思考力より、対話やコミュニケーション能力の方に重点が置かれていることになります。なるほど、「大学入学共通テスト」のモデル問題やプレテストで、さかんに対話や議論をしているようにみせかけた問題文が用意されたのもそのためなのでしょう。

しかし、手続きや方法論において、私たちはまたもや壮大な失敗をしようとしているのではないでしょうか。「論理的思考力」と「表現力」を身につけるには、限られた授業形態のなかで、じっくりと教材に向きあいながら教師と生徒、生徒と生徒が対話的に関わるような場面がなければなりません。もし、教科書をきちんと読解する力がなくなっているのだとすれば、試験問題の変更でリカバーできるものではないからです。教育課程を総体として整理し直し、小学校高学年から中学校にかけての時期に文章の「基礎的読解力」を身につけ、中学校の後半から高校の前半にかけて「論理的思考力」や「表現力」を鍛えることを目指す。そのような全体としての教育の流れを作り出すことが不可欠です。

記述式問題を導入し、マークシート式問題でも大量の資料を複数提示して、膨大な情報のなかを泳がせるような試験にすれば、こうした能力の育成につながるというのは大きな錯覚だと言わざるを得ません。

†その方法は適切なのか

教育にとって、ドラスティックな改変は混乱をもたらすばかりです。

現在の初等・中等教育のなかで「統合的な思考力や判断力・表現力の獲得」が重要であることはもちろんです。グローバリズムとAIの時代が到来するなかで、既存の思考に依存し、周囲の空気を読むことのみに長け、独創性よりも同調性に強い人材を育てても効果はありません。複数の情報のなかから的確な情報を集約し、それらを組み合わせて、既成観念にとらわれない自由で創造性あふれた思考力・判断力・表現力の育成を目指す、そのことに誰も異論はないでしょう。しかし、掲げた目標はその能力の獲得にいたる過程のすべてを正当化するものではないのです。どのように教育プログラムを進めるのか、その方法は適切なのかがくりかえし問い直されなければならないと思います。

高大接続改革の名のもとに、高校の教育を変え、大学の教育を変え、それらを接続する入学者選抜制度を変えるというのが文科省の三点セットです。文科省は、高校も大学もそれぞれ「創立の理念」や入学者選抜（アドミッション）の方針、教育課程（カリキュラム）の方針、卒業資格（ディプロマ）の方針を掲げて、個性化してかまわないと言います。しかし、「学習指導要領」で高校教育を規制し、多くの高校生が受験する大学入学者選抜制度を規制していけば、個性化は進めようがありません。「生きる力」と謳い上げながら、その言葉だけをお題目のように唱えることを推奨していくのであれば、それは実際の「生きる力」とはならず、「生きる力」という呪文への依存に終わってしまうでしょう。

「統合的な思考力や判断力・表現力」は、限られた時間のなかで、複数の資料のなかから情報を見つけ出すことによって獲得されるわけではありません。試験時間を二〇分も増やしましたが、問題冊子も四〇ページ台から五〇ページ台へと一気に増えました。しかも、見てきたように異なる種類の文章や図表があちこちに登場し、情報は断片化していました。提示された記述式の試験問題が要求するのは、それらを短時間でサーベイしながら、コピー＆ペーストし、加工編集すること、そのテクニックであり、思考力ではありません。記述式問題では、この社会の確固とした「法」や「契約」が厳として存在することを踏まえ、その隙間をすりぬけることが求められています。変えることに知恵を尽くすよりも、「法」や「契約」のもとで生きることが要求されています。

†持続困難な方針

この記述式問題が入ることで、大問は五つになりました。まるまる一つの大問が増えたのです。これで冊子のページ数を抑えようとすれば、マークシート式の四問を短くしなければなりません。それでいて、さらに問題文に複数の資料を入れなければならないとしたら、短い本文に図表という組み合わせにせざるを得ないでしょう。勢い、問題文の候補は絞り込まれます。候補となるような材料はたくさんあるわけではありません。数多くの予備校や業者が事前に行う模擬試験や講習で、可能性のある問題文をまたたくまにリストアップしていくことでしょう。困ったあげく、まず教科書には採ることのないような問題文が選ばれる危険性も生まれますし、珍問奇問も出てこざるを得ません。こうした問題点は一過性の、まだ制度変更に慣れていないがゆえの過渡期の症状で、いずれ正常化するのでしょうか。

問題作成委員のことを考えてみましょう。センター入試の問題作成委員は、この試験に参加している多くの国公立大学や私立大学の教員や、高校教育の現場からはいったん離れた教員経験者から選抜されて構成されています。彼らはこの新たな「大学入学共通テスト」の作成に喜んで参加するでしょうか。もちろん、いまでも喜んで参加している者は少ないでしょう。しかし、より高いハードルとなり、きわめて作成困難になった出題にすすんで挑むのは、これもまた相当な変わり者たちとなります。果たして、この問題作成において持続可能性はあるでしょうか。私は、ないと考えます。

複数の資料をまたぐと「統合的な思考力」が育つというのも、きわめて安直な発想です。記述式の問題は採点がしやすいように、限られた場所にいくつかの要素がちりばめられているだけで、その場所を見つければ簡単に答えは出てきます。語句を結びつけて文を作り上げ、文同士の関係を副詞や接続詞でコントロールしていく文章力は生まれるかもしれませんが、それは高校の定期試験などでも十分可能ですし、むしろ、いくつかの私立高校がすでに実践しているように、高等学校の卒業前に卒業レポートを作成させることを必修にしたならば、大学入学前に十分に力がつくのではないでしょうか。そうしたそれぞれの現場を、それこそ「統合的」に組み合わせれば獲得可能である能力を、なぜ「大学入学共通テスト」でやらなければならないのか。気の遠くなるような高額の税金と大量の人的投資をかけてまで。

†「国語」の力をとりもどす

こうした改革派たちは、おそらく「国語」という教科の内容と意義を理解していないのだろうと思います。もちろん、これまでの「国語」にまったく問題がないとは言いません。「基礎的読解力」を育て、「論理的思考力」を鍛えて、「統合的な思考力」を生み出していく、そのための工夫はもっと必要でしょう。しかし、かつての教科書とは異なり、「国語総合」の教科書の多くは、評論の読解を細かく解説し、文の組み立てや接続関係、文脈による意味の変化、問題提起・論証・結論の構成、論証のパターンを解説したパートを挟んでいます。おおよそ三〇篇以上の教材が並ぶなかで、小説は五、六篇、詩歌をべつにすれば、半分以上が評論やエッセイの教材となっています。文学教材に偏っているというのはそれこそ偏見にすぎません。

また、一つの署名ある書き手が書いた文章のなかに複数の要素、複数の価値が競合し、葛藤しているものがたくさんあります。主張の明快なテクストであれば、優れた教材となるわけではありません。そうしたものも教科書は採用していますが、それはまさに二元論的な論理構成や説得のしかたを学ぶための教材です。しかも、その限界や死角、問題点や応用可能性を議論するためでもあるのです。

もちろん、文学教材も重要です。優れた小説は、必ずしも一元的ではなく、むしろ多元的な複数の要素から成り立っています。小説は特定の登場人物の心理を追いかけるだけのものではなく、その物語世界に現れたさまざまな人物の、性別や年齢、階層、国籍を超えた複数の立場がぶつかり合い、あるいは惹きつけ合い、それぞれの個性やことば、感情、信念や思想が錯綜するなかで動いていきます。出版界で本が売れないことがさんざん言われていますが、それでも、本屋に行けば、毎月、芸術的な小説からエンターテインメントまで多くの新しい小説が刊行されています。なぜ、そんなに小説が書かれ、かつ読まれているのか。それはこの社会で生きている私たちが複雑な葛藤や対立に日々、巻き込まれ、苦しみながら、この生を肯定する道筋を探しているからです。文学はまさに私たちの「生きる力」の根源にふれているのです。

複数の資料からでないと「統合的な思考力」が育たないというのは迷信か、悪い冗談に過ぎません。現代が対立する情報や相反する主張、真偽とりまぜた夥しいニュースに取り巻かれていることは、いまや小学生でも知っています。試験問題のなかの複数の資料を安易に統合したところで、真実が分からなくなってきたこの時代や社会に対応する能力が簡単に生まれるわけはないのです。

大事なことは、一つのテクスト、一人の人間のなかにも複数の要素があり、さまざまな価値の衝突があることをじっくりと見ることです。夥しい情報の渦に目を背けて、自分だけの世界に閉じこもりながら、それだけが世界だと錯覚し、身を固くしているものたちに対して、相反するさまざまな刺戟に反応し、揺れ動く自分がいることを知り、価値の多様性のなかに身を開いていくこと。それこそが重要です。「国語」という教科が評論文とともに、小説や詩歌などの文学テクストを取り入れてきたのはそのためです。

くりかえしになりますが、テクストは単なる「情報」ではありません。それは、これまで使われてきた膨大な歴史と記憶を背景に潜め、手触りをもった言葉によって組み立てられています。言葉は人々を解放するとともに、他方、厳しく拘束もする。だからこそ、言葉について学び、言葉への愛情とためらいを学ぶのです。

「学習指導要領」の実施はもはや避けられません。すでに決定されました。それをどのように運用していくかは、教育に関わる人々が衆知を集めていくしかありません。しかし、「大学共通テスト」はまだプレテスト段階です。いま高校一年生の生徒が卒業するときには実施されるのですが、それまで二年半の猶予があります。統計的な分析やアンケート調査だけで是非を問うのではなく、「国語」教育にたずさわってきた多くの教員や研究者を交えた質的評価をめぐる議論こそ、これからまさに必要な工程ではないかと思います。「国語」の教師たちが積みあげてきた技術や経験知を汲み上げながら、この歴史的改革を正しい道筋に戻すことが求められています。

あとがき

二五歳のときに私立麻布中学・高等学校の教員となり、「国語」の教師となりました。わずか六年だけで、いまの大学に移りましたから、ほんとうに短期間だったのですが、私の教員としての人生はほぼこのときに鍛えられたと言っていいかもしれません。それくらい強烈な経験でした。

なにしろ教師の平均年齢が三〇代後半という若々しさのあふれる学校で、しょっちゅう議論が交わされ、ときに教員同士の喧嘩もある職員室でした。生徒たちも生意気で、高校一年生のクラスで最初に授業を終えたとき、生徒のひとりがつかつかとやって来て、「今日みたいな授業ではダメですよ、授業開始から五分遅れて来て、五分早めに切り上げる。マクラに一五分、おもしろい話をして、残りの二五分で、五〇分の内容をやってください」とふっかけられました。コンチクショーと歯がみして、次から話のマクラを考えたりしているうちに、マクラばかりの授業になってしまう、そんなことをくりかえしていました。

麻布は開成や武蔵と並ぶいわゆる御三家の一つでしたから、東京大学の合格者数が報道されるたびに校名や順位が取り沙汰されます。なかにいる教員集団は入り口の中学入試の受験者数と、出口にあたる大学進学で学校を評価されてしまうことへの苛立ちを覚えていました。生徒たちのいるこの六年間にどのような教育をしているかをしっかり見てほしい。そういう自負と言いましょうか、負けん気と意地があったと思います。もちろん小学校の優等生ばかりを集めると、どういうことになるか。いじめや不登校、盗難、暴力事件など、教育問題をめぐるフルコースが当然ありました。子どもたちの大きすぎる自尊心と劣等感が複雑にからまり、決して教員にとって気楽な環境ではなかったと思います。

ただ、その中学の入試問題についてはいろいろな思い出があります。当然、記述式の問題も入っていました。小学六年生を対象にした試験なので、問題文の選択にも苦労し、「国語」の教員全員で作成に参加。ひとつひとつの設問にも徹底した議論を重ねました。最後には問題文に関連して、二百字程度の作文も書かせます。この採点が一苦労です。基準を合致させると言っても、作文で条件を絞り込んでしまえば自由な創造性は失われてしまいます。いくつかの取り決めをしたあと、複数で採点し、その点数は答案用紙には書かず、つまり次の採点者が作業に入る前には相手に見せない。見せるとそこに引きずられてしまう可能性があるから、一斉に何点と示すというやり方でした。そこで点数が一致すればいいですが、点差が開くと、互いの論拠をめぐって議論になるのです。

いろいろな教科の採点も同じく広い部屋でやっていましたから、向こうでは「社会」の採点が行われています。歴史の問題の解答をめぐって、歴史観の違いから来る、けっこう深刻な論争が聞こえてきたりします。こちらはこちらで、この文章のこの書き方をめぐって相手を説得しなければならない。まあ、適当でいいかと行かないのがあの学校の特徴であり、個性でもありました。

こうした採点が可能だったのは、その当時、受験生が千人前後だったからです。採点者はだいたい十数人。記述式の設問は必ず複数であたりましたが、それでもすべての採点が終わるには相当な時間がかかったものです。それくらい記述式問題をつくり、採点するということは大変な作業なのです。ようやく作業を終えて、まだおとなりでは歴史観論争が続いているなと苦笑しながら、深夜、学校をあとにした場面を記憶しています。

新井紀子さんの言う「基礎的読解力」がないと、たしかに合格はできない。そういう小学生を選抜して受け入れていたのですから、その後も伸びるのは当たり前だということになるかもしれません。しかし、学内でも書く力、論じる力の育成にはずいぶん努めたと思います。中学から高校へはエスカレーター式で上がるだけで、高校からの入試組はいません。その境目となる中学三年生は年度末に国語の卒業論文を作るという課題がありました。

宮澤賢治や芥川龍之介、志賀直哉、井伏鱒二など、中学校の「国語」の授業で扱う作家からひとりを選んで、グループで役割分担を決め、卒業論文を制作する。テーマを立て、関連する詩や小説を読み、批評や評伝まで調べて一定の枚数以上の原稿を書くわけです。中学生にはかなり大変だったでしょうが、教員にとっても三学期の「国語」のほとんどを使って指導していかなければなりません。井伏鱒二を選んだグループのひとりが勝手にまだ健在だった井伏さんに手紙を書いて質問事項を送ったら、おもしろがって返信をくれたと喜んでいたこともありました。

思考力・判断力・表現力は、そういう手間暇をかけていかなければ簡単には身につきません。「学習指導要領」にしてもそうですが、「大学入学共通テスト」に記述式問題をほんのわずか導入し、たくさんの「資料」を読み込ませる複合型の試験問題を作り、これで思考力・判断力・表現力が育てられるのなら何の苦労も要りません。それどころか、結果の見えているこのわずかな変更のために、膨大な予算と人手をかけて、破壊的な社会実験をやろうとしているのです。

どうしてもっと冷静で合理的な判断ができないのでしょうか。いったん走り出したら、止められない。まさにその思考力・判断力・表現力に乏しい人たちが「指導者意識」だけで旗を振っているように見えます。それこそが「国語教育の危機」をもたらしているのです。

ここに書いた内容は、昨年八月の東京都高等学校国語教育研究会の研究協議会、また一一月の千葉県私立中学高等学校教育研究会、今年一月に開いた日本大学文理学部での国語教育研究会で話をしたものを元にしています。それぞれの会の主催者、幹事の先生、そして当日、ご参加いただき、ご質問をいただいた方々にお礼を申し上げます。

筑摩書房の中島稔晃さんにも心より感謝します。一月の国語教育研究会の講演を聞きに来ていただいたことが本書の後押しになりました。

大学人となって三一年が経ちましたが、国語の教員養成にもずっと関わってきました。国語教科書の編集も三〇年近くなりました。現在進行形の事態について発言するのはめったにないことですが、未来についての責任を果たす必要があると感じています。多くのご意見が飛び交うことを期待しています。

紅野謙介

二〇一八年五月三一日

ちくま新書
1354

国語教育《こくごきょういく》の危機《きき》
――大学入学共通《だいがくにゅうがくきょうつう》テストと新学習指導要領《しんがくしゅうしどうようりょう》

二〇一八年九月一〇日　第一刷発行
二〇二〇年一月一五日　第四刷発行

著者　紅野謙介（こうの・けんすけ）

発行者　喜入冬子
発行所　株式会社筑摩書房
東京都台東区蔵前二-五-三　郵便番号一一一-八七五五
電話番号〇三-五六八七-二六〇一（代表）
装幀者　間村俊一
印刷・製本　株式会社精興社

ISBN978-4-480-07171-2 C0237